新世纪数学(1～6年级)教材编写组 | 主编

新世纪足迹 2020

疫情下的小学数学教学

北京师范大学出版集团
BEIJING NORMAL UNIVERSITY PUBLISHING GROUP
北京师范大学出版社

图书在版编目(CIP)数据

　　新世纪足迹 2020：疫情下的小学数学教学/新世纪数学(1～6
年级)教材编写组主编. —北京：北京师范大学出版社，2022.3
　　ISBN 978-7-303-27681-3

Ⅰ.①新… Ⅱ.①新… Ⅲ.①小学数学课－教学研究
Ⅳ. ①G623.502

中国版本图书馆 CIP 数据核字(2022)第 005298 号

出版发行：北京师范大学出版社　　www.bnupg.com
　　　　　　北京市西城区新街口外大街 12-3 号
　　　　　　邮政编码：100088
印　　刷：北京天泽润科贸有限公司
经　　销：全国新华书店
开　　本：730 mm×980 mm　　1/16
印　　张：15.25
字　　数：300 千字
版　　次：2022 年 3 月第 1 版
印　　次：2022 年 3 月第 1 次印刷
定　　价：61.00 元

策划编辑：胡　宇　　　　责任编辑：邵艳秋　胡琴竹　马　腾
美术编辑：胡美慧　　　　装帧设计：李尘工作室
责任校对：段立超　　　　责任印制：孙文凯

编 委

（按姓氏音序排名）

序 言

　　2020 年是不平凡的一年，这一年，全国人民在党的领导下，取得了来之不易的抗击新型冠状病毒肺炎（以下简称新冠）疫情的重大胜利。新世纪（北师大版）小学数学教材编写团队和广大小学数学教师一起，在小学数学教学研究和实践的道路上砥砺前行，克服了各种困难，取得了非凡的成绩。本书反映了广大小学数学教师和教材编写团队在这一年中研制微课、进行课堂教学研究和实践探索的不平凡历程以及取得的宝贵经验。

　　在"前沿探索"中，新世纪（北师大版）小学数学教材主编、北京师范大学刘坚教授与大家分享了对新世纪小学数学微课及未来基础教育发展的思考。

　　在"教材视窗"中，展示了教材研究团队部分成员长期的研究成果。新世纪（北师大版）小学数学教材以促进儿童健康成长为根本宗旨，充分体现了我国课程改革的基本理念，以"情境＋问题串"为基本形式，实现了"教材内容展开过程、数学发生发展过程、学生学习过程、教师教学过程和课程目标实现过程"的"五位一体"，从而更好地促进学生的全面发展。本套教材重视数学学习目标的整体实现，强化小学数学学科的育人价值，把数学学科德育作为数学教材的核心内涵，把"立德树人"切实体现在全套教材的编写中。

　　"年度话题"反映了新世纪（北师大版）小学数学教材团队和广大小学数学教师在新冠疫情背景下进行新世纪小学数学微课 3.0（以下简称微课 3.0）研究的不平凡历程。在微课 3.0 的研究过程中，研制团队不仅克服了诸多技术上的困难，在教学方法方面也大胆创新，取得了"混合式学习"的重要教研成果。"新世纪小学数学第十五届基地教学设计与课堂展示活动"和"新世纪小学数学第二届全国名师工作室教学设计与课堂展示活动"交流了"混合式学习"的经验和成果，借助微课 3.0 的研究，将线上教育和线下教育的优势互补，使学生获得最佳的学习路径。

　　探索面向未来的"混合式学习"方式是数学教育研究的重要课题，在 2020 年抗击新冠疫情的过程中，新世纪（北师大版）小学数学教材编写团队和广大小学数学教师合作研究，初步形成了面对面学习和在线学习相结合的学习方式，实现了线上线下相融合的教学模式。微课 3.0 的研制过程，反映了新世纪（北师大版）小学数学教材编写团队和广大小学数学教师对数学教育事业精益求精的精神和对数学教育事业的不懈追求。

"聚焦课堂"收集了小学数学教师的课堂教学改革实践经验。当传统的在校学习变成居家学习时，线上教学成为教师教学的主要形式，微课成为教师教学的重要资源；在线下教学实践中，教师发挥线上教学的优势，把微课等线上资源嵌入课堂，进行线上线下相结合的"混合式学习"。

"教学有方"集中介绍了广大教师 2020 年课堂教学的研究成果。从这一栏目的文章中，我们可以看到广大小学数学教师的阶段性研究进展，也反映出了新世纪（北师大版）小学数学教材的一些重要特色。第一，鼓励学生围绕核心内容开展深度探究，满足不同学生的发展需求，让每个学生在数学探究学习中深度体验和掌握小学数学的核心概念和通性通法。第二，密切数学与现实世界的联系，让学生从生活经验和客观事实出发，在研究现实问题的过程中学习数学、理解数学、研究数学，并引导学生在现实生活中学会用数学的眼光观察世界。第三，数学的知识、思想和方法是由学生在现实的数学实践活动中理解和发展的，而不是单纯依赖教师的讲解去获得。教材设计了大量的观察、操作、实验和独立思考的内容，让学生通过讨论和交流，得出数学结论。

在"和微课 3.0 的故事"中，我们可以看到在微课制作和使用的过程中感人的故事。

在新世纪小学数学征文活动中，我们还收到了全国各地小学生的来稿。"成长足迹"节选了部分学生的文章，这些文章是学生在利用微课学习过程中的经验和体会，从这些文章中可以看到，学生不仅仅是看微课，更是带着思考、带着实践在做数学和学数学。

关注儿童的发展是新世纪（北师大版）小学数学教材的基本特色。通过让学生经历数学学习活动的过程，在掌握必备的数学知识的同时，发展学生的核心素养，培养学生的理性精神、严谨态度、创新意识、实践意识和合作意识，让学生在数学学习活动中感受优秀数学文化，增强民族自信心，发展学习数学的兴趣，理解数学思维的本质，是我们一以贯之的追求。

孔企平

目 录

第四篇　聚焦课堂

第一篇　前沿探索

【导语】

　　2020 年，新冠疫情背景下，世界文明交流遭遇挫折。然而，越是在这样的时候，我们越要坚信世界文明交流是人类走向光明未来的必由之路。教育既是世界文明交流的重要内容，也是推动人类走向更加美好世界的重要力量。在这样的背景下，中国教育 30 人论坛联合丹麦终身学习计划协会、丹麦北菲茵民众学院，于 2020 年 9 月 22 日共同举办"中国-丹麦教育论坛"，邀请中国与丹麦 12 位教育专家合作探讨新冠疫情给教育带来的挑战、影响与启发，展望未来教育的可能性。新世纪（北师大版）小学数学教材主编、北京师范大学刘坚教授受邀发表主题演讲，与大家分享了对新世纪小学数学微课 3.0 及未来基础教育发展的思考。本栏目文章为刘坚教授在论坛的发言整理而成。

新冠疫情背景下，看未来基础教育发展的趋势

—— 在"中国-丹麦教育论坛"上的演讲

北京师范大学　刘　坚

各位朋友、各位同人：

大家好。非常感谢论坛组委会的邀请，与大家一起分享个人的一点体会，也让我再次有机会反思新冠疫情后未来基础教育发展的趋势。15 分钟的时间，我想与大家分享两个话题。

第一个话题是我个人亲身经历的教育故事——新冠疫情催生了新世纪小学数学微课 3.0。第二个话题是在这样一个个人实践基础上如何去进一步思考未来基础教育发展的趋势。

讲到个人所经历的教育故事，要从 30 年前说起。我有一个数学教育研究和实践团队，这个团队组建于 20 世纪 90 年代。30 年前，我们启动了中国中小学数学教育发展的研究，十多年的研究成果直接催生了中国的新世纪数学课程改革，同时对我们整个国家的基础教育改革也发挥了重要的推动作用。

最近几年，我们意识到在大数据人工智能网络时代，微课、翻转课堂将有可能改变基础教育。我个人对微课在中国的基础教育阶段的发展历程进行了梳理，认为微课的发展过程可以划分为三个阶段，分别用微课 1.0、微课 2.0、微课 3.0 来描述。

所谓微课 1.0，更多的是对课堂教学录像资源的一种编辑压缩，进而形成一个 25 分钟左右的课堂资源。它最早诞生于 2003 年的传染性非典型性肺炎（以下

简称非典)疫情，当时同样因为冠状病毒让中国部分地区停课大约 3 个月，中国政府紧急启动了空中课堂项目，把十多年来积累的丰富的视频资源进行编辑压缩，利用电视频道面向全国播放，帮助学生在家学习。

微课 2.0 是什么呢？它强调专业人员围绕某一个特定的知识内容进行通俗、生动、简明的语言讲解，类似可汗学院的微课。微课 2.0 的内容重心是在短时间之内用一种清楚明白的语言，讲清楚一个特定的知识主题。

根据学习科学的研究成果，人们了解到学生的数学学习过程应该是一个由真实内容驱动的主动探索、合作分享的社会化进程，专业人士的讲解当然很重要，却不能代替学生自主发现、自主探索的过程。微课 3.0 通过目标和问题驱动，在真实情境中激发学生自主学习，短时间反映学生真实的学习历程，包括学习中可能产生的迷思、典型的错误，引导学生与同伴合作、交流、分享，教师进行适度的干预，促进学生阶段性的反思。包含这些重要方面的课程，这样的微课，这样的模型，我们称之为微课 3.0。

微课 3.0 的雏形诞生于 2018 年。2020 年年初，新冠疫情席卷全球，我们的核心团队在大年初一紧急磋商，一致决定尽快行动起来，动员全国一线的优秀骨干教师，在我们已经建成的微课 3.0 模型的基础上，开发全套、覆盖小学 1～6 年级的、居家学习的在线数学微课，然后免费向全国小学生开放。

短短的时间，遍布全国的 500 多名教师组成了 38 支小分队，开始研制微课 3.0 并于 2020 年 2 月 10 日正式对外开放，截至 2020 年 7 月初，共计开发 458 节微课。观看人次从最初每天的 20 万左右，到高峰期的 600 万左右，相当长的一段时间保持在 400 万～600 万。这样一个时间段恰好是在新冠疫情最为严重的 2，3，4 月，随着疫情进一步被控制，各种课程资源的广泛使用，学生逐渐回归课堂，微课 3.0 的观看人次逐渐稳定在 100 万左右。

效果怎么样呢？据我们后台统计结果，相当多的地区每天观看微课的人次在 100 万以上，有些地区甚至超过了 1 000 万。

我的一个博士生组织了一个团队，开发了相应的问卷工具进行了调研。调研题目包括对微课是否有助于激发学生的学习，是否有助于促进学生交流，是否有助于解决困惑，是否能够推动学生线上线下的"混合式学习"……调研数据表明，90% 以上的学生高度认可微课，认可微课对数学学习的支持。

我们进一步分析在中国大家非常关心微课的学习是否能够保证学生的学习质量；在微课 3.0 支持下的学习活动，学生能否达到基本的学习效果，是否能达成一个比较好的学业状态。我们从统计数据中再次看到，超过 90% 以上的无论是家长、学生还是教师，对此都是持肯定态度的。尤其让我们感到欣慰的是，极为关注学生学业成绩的家长群体对微课能够支持学生的学习，表示满意或者很满意。甚至教师群体、学生本人也是如此。

我们进而还关心另一个问题，这样一种网络在线学习通常受制于很多客观条件，会不会因此产生新的数字鸿沟？在线教育时，身处农村边远地区的学生，其学习会不会受到影响？通过对调研数据统计分析，我们发现，学生无论是身处农村，还是家庭经济条件比较受限制，并没有扩大数字鸿沟，也就是说微课的在线学习并没有给受客观条件限制的学生造成差距，或者造成差距的进一步扩大，这是一件非常可喜的事情。

这是我和大家分享的第一个话题。当然，在这个话题中间可能隐含着我们对未来教育的一些期待。

第二个话题是一个值得期待的关键词"WISH"。这个关键词从哪来？我们的研究团队，阅读了国内外的一些重要研究机构，包括联合国教科文组织、世界银行和欧盟的一些研究报告，也包括国内各种各样的关于新冠疫情期间一系列的调查报告，分析后发现有四大教育热词，分别是学习方式、资源创新、敬畏生命和家庭教育。

关于学生的学习方式。新冠疫情来临，社会停摆，学校教育被迫按下了暂停键，但是我们说按下暂停键，并不是暂停了学生的成长，而是被制度化了的整齐划一，甚至可能存在着比较教条的学校——这样一种教育形态被按下了暂停键。与生俱来的学生成长和发展并没有因此而停止，只是学生成长回到了家庭，回归自然，回归社会。学生直接面对日常生活中的各种各样的复杂现象和问题，他们的实践方式、交流方式、与家人沟通的方式、动手体验的方式等，在这个特殊的时刻丰富了他们的学习体验。

关于家庭教育。面对新冠疫情，父母从后台走向了前台，承担起了孩子成长的主要的教育责任。西安交通大学对 12 877 名从小学到高中的学生进行了调研，数据显示超过 80％的父亲和超过 90％的母亲，在居家期间更多地参与了孩子的学习和生活。在亲子关系方面，新冠疫情期间，孩子与父亲的亲密关系较平时有所提升，73.53％的学生反映与父亲达成了亲密关系，这是非常可喜的变化；78.11％的学生表明父母会采取民主的、协商的教育方式，而专制型、溺爱型、放任型的教育方式较平时有所下降。在家务劳动方面也有明显的改善，孩子更多地和父母共同参与家庭建设。

我们的研究团队从这样四个方面，似乎感受到了未来教育的一种希望。

当然，我们的综合数据分析也同样值得关注。因为破除根深蒂固的教师中心、课堂中心、知识中心，难以一蹴而就；符合教育规律和学生成长规律的优质教育资源依然凤毛麟角。生命教育是否会沦为应试主导的教育制度和文化传统的一个点缀？家庭教育如何在健全制度的保障之下持续地发光发热？这都是值得我们进一步思考的话题。

我们期待学习方式变化、资源创新、敬畏生命和家庭教育，能够成为未来教育的一个重要发展趋势。

新冠疫情后的教育趋势，用这四个关键词的英文首字母，正好组成"WISH"。我们愿意把它作为未来教育发展趋势的一个有希望的模型。用四句话来表达，就是学生的学习方式更加凸显自主、合作、探究，教育资源更加支持以学习者为中心，生命教育能成为学生成长和发展的主旋律，家庭教育回归教育主阵地。

好，谢谢大家！

第二篇　教材视窗

【导语】

　　新世纪(北师大版)小学数学教材集编写团队 30 多年的研究成果,以促进少年儿童健康成长为根本宗旨,充分体现 21 世纪初以来数学课程改革的基本理念。目前正在使用的是新世纪(北师大版)小学数学教材第 4 版,这套教材依据《义务教育数学课程标准(2011 年版)》全面修订而成。以"情境＋问题串"为基本呈现方式,力图实现"教材内容展开过程、数学发生发展过程、学生学习过程、教师教学过程和课程目标实现过程"的"五位一体",利学利教,从而促进学生不断经历"从头到尾"思考问题的过程;力图向学生提供现实、有趣、富有挑战性的学习素材,给学生探索、交流的时间与空间,展现数学知识的形成与应用过程,满足不同学生发展的需求。使学生:体会数学与大自然及人类社会的密切联系;获得与其年龄相适应的、必要的基础知识、基本技能、基本数学思想和基本活动经验;提高发现和提出问题、分析和解决问题的能力;了解数学的价值,激发学习数学的兴趣,增强学好数学的信心,具有初步的创新意识和科学态度。那么,教材是如何体现这些目标的?为了帮助广大教师理解教材,用好教材,我们组织教材的部分编委撰写了这一组文章。

开启儿童"数学之眼"的入门教科书

——新世纪(北师大版)小学数学一年级教材编写特色

北京市海淀区中关村第三小学　刘可钦

清华大学附属中学上地小学　张　红

新世纪(北师大版)小学数学教材，是由一群热爱数学教育，关注儿童发展的专家、学者和长期深耕于课堂的特级教师共同打造的一套"有人文精神，有思考力，可读性强"的教材。经过30多年的探索与创新，这套教材已经成为我国小学数学教育发展的"风向标"级的教材，成为推进学校课程改革、促进学习方式变革的引领性教材，成为备受学生喜欢的"数学宝典"。其中，一年级的教材又被教师、家长亲切地称为：开启儿童"数学之眼"的入门教科书。

新世纪(北师大版)小学数学教材突出数学课程的育人价值，以数学思想方法为主线，在掌握必备数学知识的同时，着力发展核心素养；创设真实、有趣、富有挑战的学习情境，密切数学与学生生活的联系，将社会发展新成就、科技进步新成果和中华优秀传统文化，有机融入学生的数学学习进程；体现"问题情境—建立模型—解释应用"的基本过程，创设观察、实验、猜测、推理、反思的思考活动，并在有意义的活动中引导师生创造自主学习、合作探究的学习机会；鼓励丰富多样、富有个性的问题解决策略，促进学生建立丰富的数学学习体验；通过"情境＋问题串"，实现"教材内容展开过程、数学发生发展过程、学生学习过程、教师教学过程和课程目标实现过程"的"五位一体"，将学生的学与教师的教有机串联在一起，成为师生教与学的启航站。

作为一年级分册主编，我们在一年级教材的编写中形成了鲜明的编写思路和特点，并着力体现这样的宗旨：致力于建设一套符合学生数学学习与成长规律、反映多元丰富数学世界、具有国际视野和中国风格的小学数学教材。

一、精心设计的任务链和问题串，让学生思维清晰可见

众所周知，一年级学生好奇、好动，以具体形象思维为主。真实、可感、多样化的主题和情境，是吸引一年级学生走进奇妙的数学世界的"入场券"。为此，教材设计了充满童趣的情境，搭建了学生生活与数学世界的自然联系，引导学生亲近数学，理解数学，进而爱上数学。

教材中的每个学习主题都与学生的生活实际相结合，其中蕴含的层层递进的任务链和问题串，成为教师帮助学生建构数学认知的"金钥匙"。

1. 任务驱动，鼓励学生自然个性地表达、操作和思考

对于刚刚入学的小学生，教材特别关注从模糊、粗糙的现实数学入手，为学生搭建思考和思维的阶梯。

例如，一年级上册第六单元"认识图形"一课（如图1）。

六　认识图形

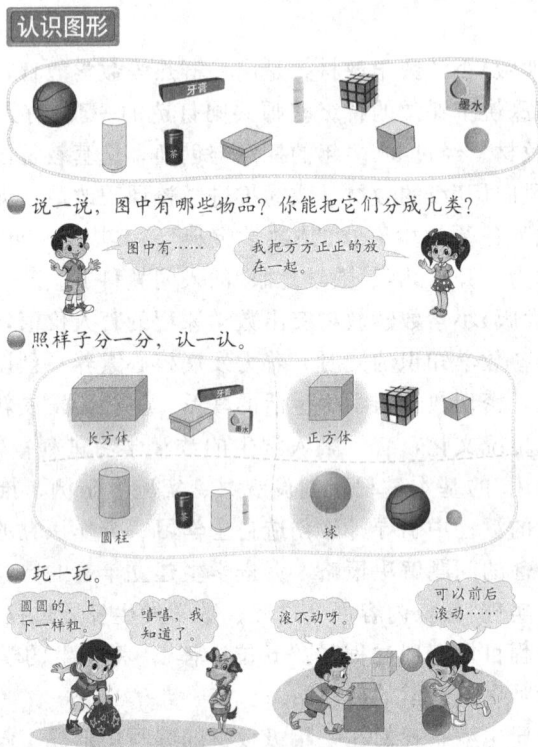

图 1

教材通过"说一说，图中有哪些物品？你能把它们分成几类""照样子分一分，认一认"以及"玩一玩"三个递进的活动，构成了教与学的主线，促进学生建立起"实物"到"立体图形"的数学概念。生活中，学生最先接触的就是各种各样的物体，玩的积木中有长方体、正方体、圆柱；见到的楼房、纸箱、书等形成了长方体的直观形象；喜欢玩的皮球，给了学生球体的直观表象。因此，教材设计的第一个任务是先对实物进行分类，学生借助已有的生活经验，按照颜色、材质、用途、样子等多种不同的标准进行分类，这是学生的数学世界。

接着，通过"照样子分一分，认一认"，引导学生按照形状进行分类。在分类活动的基础上，逐步抽象出立体图形，认识立体图形的名称，同时帮助学生建立"实物—几何图形—图形名称"的直观联系。这样的设计，也为教师的教学提供了有效的活动支撑。

最后，在"玩一玩"中提炼立体图形的特征。在"摸、说、猜、滚"等活动中，通过对立体图形的直观认识，建立立体图形的表象。学生会运用自己的语言描述对摸到的物体的具体感受，如"我摸到一个圆圆的，上下一样粗，可以站稳的物体"。在操作、交流、思考中直观感受立体图形的特征，发现这几个立体图形的不同特点，进而形成数学概念，也为后续学习长方形、正方形、圆等平面图形积累活动经验。

再如，一年级上册第三单元"做个减法表"一课（如图2）。

做个减法表

这几个算式都是6减几的。

这几个算式得数都是8。

● 找出6减几的算式，排一排。

6 - 6 =	6 - 0 =
....

● 你能找出得数是8的减法算式吗？排一排。

10 - 2 =	8 - 0 =
9 - 1 =	9 - 1 =
8 - 0 =	10 - 2 =

● 下面是笑笑做的减法表，你能帮她填完整吗？

0	1	2	3	4	5	6	7	8	9	10
10-10	10-9			10-6					10-1	10-0
		9-7				9-3		9-0		
			8-5			8-2				
			7-4			7-1				
6-6		6-4	6-3			6-0				
	5-4			5-1						
		4-2		4-0						
		3-1	3-0							
2-2	2-1									
	1-0									

竖着看，横着看，斜着看，你发现了什么规律？

图2

11

教材设计了层层递进的学习任务链，让学生的学习充满了任务挑战："找出6减几的算式，排一排""你能找出得数是8的减法算式吗？排一排""下面是笑笑做的减法表，你能帮她填完整吗？竖着看，横着看，斜着看，你发现了什么规律"。任务一和任务二分别从被减数相同、差相同两个角度进行学习活动设计。任务三则是需要认真观察、思考，发现算式的特点后，根据自己整理减法算式的经验，得出完整的减法表；再引导学生从多角度进行观察、思考，发现减法表中存在的规律。三个学习任务的螺旋式上升，推动了学习的不断深入。在任务链的引导下，整个教学过程成为学生体验、独立思考、系统整理所学数学知识的建构过程，把对学生归纳和概括能力的培养有机融合在学习过程之中。后续的20以内数的进位加法、退位减法、表内乘除法的系统整理等都沿用同样的编排思路，为学生持续积累数学活动经验建立有效衔接和递进，也为教师实现自主学习、合作探究的任务目标提供了稳定的教学思路。

由此可见，教材将任务链与学习活动巧妙融合，使每一个任务成为学生思维的阶梯，帮助学生由表及里、由浅入深地理解和自主建构知识，这对于帮助学生实现积极的、现代的、自主的数学学习目标，起到了扣好"第一粒扣子"的作用。

2. 问题引领，培养学生发现、提出问题的能力

"问题是数学的心脏。"如何让学生获得未来解决问题的能力和方法？教材在编写思路上，特别注意将问题情境与真实世界中的问题相连接，引导学生在尝试解决问题的全过程中，培养发现和提出问题、分析和解决问题的能力。

好的问题可以促使学生不断地思考、研究，能让学习过程更加丰满、灵动，充满思维的碰撞。从问题引领学生学习的角度出发，教材将数的运算与解决问题有机结合，专门安排了解决问题的核心课，充分展示解决实际问题的一般思路和完整过程，并对学生进行相关的策略指导。

例如，一年级下册第一单元"美丽的田园"一课（如图3）。教材系统设计了问题串，更好地体现了阅读和理解问题、捕捉和补充信息、分析数量关系、发现和提出问题的要求。第一个问题是通过观察情境图，按照由高到低的顺序请学生填写信息（空中、树上、地上），引导学生有序观察，用分类的思想整理较多的信息；第二个问题是本单元学习的比较两个数大小的问题，帮助学生学习面对要解决的问题如何找到与问题相关的信息，根据信息与信息之间的关系找到解决问题的方法；第三个问题是根据算式推出所解决的是什么问题，目的在于让学生联系算式的意义，寻找生活中的减法原型，感受数学的应用价值；第四个问题则是在前几个问题的基础上，让学生尝试独立提出数学问题，并进行解答，初步发展学生提出问题、解决问题的能力。

美丽的田园

● 说一说，图中有哪些数学信息？填一填。

按顺序……　　　　　　　　　　　　　我来记。

空中有 ☐ 只 🐦，树上有 ☐ 只 🐦

岸上有 ☐ 只 🐑，河里有 ☐ 只 🦆

地上有 ☐ 只 🐑，☐ 只 🐐

● 树上的小鸟比空中的少几只？

先找到空中有几只小鸟、树上有几只小鸟……　　　可以用减法……

☐ ☐ ☐ = ☐ （只）

答：树上的小鸟比空中的少___只。

● 淘气列式解决的是什么问题？

8+6=　　　　先找找 8 表示的是……

● 再提出一个数学问题，并试着解答。

☐ ☐ ☐ = ☐ （只）

图 3

　　教材按照"寻找信息—提出问题—解决问题—解释应用"的思路展开，展示了解决实际问题的一般思路和完整过程，使学生认识了简单实际问题的基本结构（条件和问题），理清了解决实际问题的基本思路，培养了学生发现和提出问题、分析和解决问题的能力。

二、创造丰富的直观模型，为学生提供"脚手架"

　　实物和模型操作、画图等是学生理解和表达数学、解释现象的重要支架，教材在这方面为学生提供了丰富而有效的学习支持。在数的认识以及进位加法和退位减法的学习过程中，教材系统设计了以直观模型为主的学习支持，将不同模型合理分布，学生借助模型呈现出自己的原始思考过程，助力数学理解和思维的可视化，为其今后解决问题积累活动经验。

1. 数学交流，帮助学生经历从具体情境中抽象出数的过程，丰富对数的意义的理解

例如，一年级上册第一单元"生活中的数"，教材从 10 以内数的认识开始，就鼓励学生借助手指、画图、小棒等直观模型，从数量走向"数"的世界。每一个抽象的数，都在多个具体情境下经历了"实物表示—图形表示—符号表示"的抽象过程。在逐步抽象中理解实物、图形与数字符号之间的关系。（如图 4）

图 4

在认识 11～20 的数时，通过把 10 根小棒捆成 1 捆、在计数器上拨一拨、画数线数数等活动体会数的特性；在认识 100 以内的数时，利用小棒、计数器等体会位值，引进方块模型，直观感受数位及"满十进 1"。（如图 5）

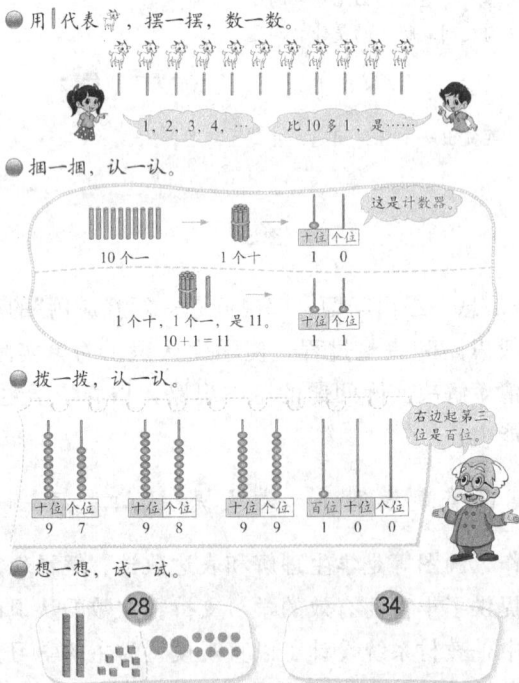

图 5

2. 在丰富的活动中体会数的顺序和位值，感受自然数间的关系

教材设计的"跳一跳，说一说""拨一拨，说一说""读一读""比一比，谁大？谁小"等操作活动，既吸引了学生的注意力，又实现了利用学习支架引导学生独立思考，有条理地表达自己的思考过程，体会数的顺序和位值。（如图6）

● 跳一跳，说一说。

● 拨一拨，说一说。

● 读一读。

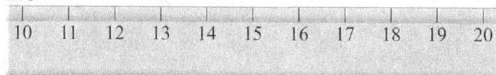

● 比一比，谁大？谁小？

图 6

3. 充分利用直观模型，体会数学"有理有据"

教材将双手、小棒、计数器、直线图等直观模型，作为学生理解数的意义的支撑，在不同的学习阶段，选用相应的模型。在探索 20 以内数的进位加法和退位减法的过程中，以小棒模型为主，以计数器和数线模型为辅，学生亲身经历利用直观模型解释算法，并在操作的过程中理解算理。计数器能够很直观地体现位值和十进关系，帮助学生体会"满十进1"，凸显"借1当十"。数线可以很好地体现数序，以及多种数数的方法，同时能记录计算的过程和结果。教材通过童真童趣的"毛毛虫数线图"，以"下面的做法你能看懂吗"的方式推荐、介绍给学生，让学生饶有兴致地观察、讨论、解读和交流。（如图7）

● 一共有几瓶牛奶? 摆一摆，说一说。

□ + □ = □

10, 11, 12, 13, 14。

9 + 1 = 10
10 + 4 = 14

5 + 5 = 10
10 + 4 = 14

● 做一做，说一说。

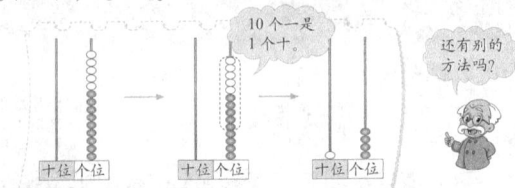

10 个一是 1 个十

还有别的方法吗?

十位 个位 → 十位 个位 → 十位 个位

● 下面的做法你能看懂吗?

+2

11 12 13 14 15 16 17

13 + 2 = 15

-2

14 15 16 17 18 19 20

18 - 2 = 16

图 7

　　在这样的学习过程中，学生不仅能获得一个正确的结果，还能通过语言、操作、画图等方式，清楚地表达自己的思考过程。例如，在"一共有几瓶牛奶"的进位加法学习中，学生不仅能够正确列出算式 9 + 5 = 14 解决问题，还能利用小棒、计数器、画图等模型讲清楚"14"是怎么得到的(如图 8)。不仅增强了学生对数学的持久理解和迁移的能力，而且提升了学生的应用意识和解决问题的能力。

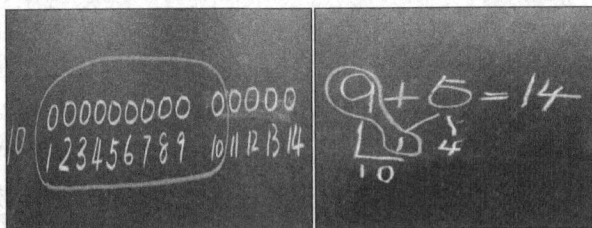

图 8

　　教材基于大量的学生调研和教师调研，有效利用直观模型支撑学生的思考和表达，能够让学生进行深度思考，大胆表达，促进学生对算法、算理的理解和形成自主迁移，发展运算能力。同时，教材在设计中特别强调，每节课尽量不超过两种模型，避免课堂上因学具太多而分散学生的注意力。

三、发挥数学学科育人价值，激发学生的好奇心，培养良好习惯

促进学生健康成长是我们一以贯之的追求。在数学学习过程中，持续呵护学生的好奇心和热情，重视良好习惯养成，对于低年级的学生更为关键。

1. 创设真实、可感的现实生活情境，引领学生走进数学

教材将学生熟悉、喜爱的真实生活情境作为通向数学世界的重要载体，使学生能够在现实世界的情境中开始建构对数学的认识和理解。

对于刚刚走进校园的学生来说，数学以什么样子呈现在学生面前显得格外重要。开学第一课"可爱的校园"（如图9），利用童话故事情境吸引学生走进数学世界。从无序到有序逐步展开交流，启蒙了学生有序观察、思考和大胆表达的意识。学生从整体上感知数学不仅有神奇的数，还有奇妙的形。再到自己的校园里找数学问题："找一找，说一说，有什么？有多少？"学生能很快从教材的情境，自然地联想到校园的情境。小伙伴手拉手，三五成群地到校园里寻找数学。一边找，一边数，一边说自己发现的数学问题。这样的过程能让学生感受到这些熟悉的事物里都有数学，数学的形态是丰富多样的，且随处可见。

图 9

"快乐的家园"则以一幅恬静、和谐、美好的"乡村生活"画面出现在学生的视野，唤起学生对美好生活的向往和期待，让学生感受到生活中处处都有数学。（如图 10）

图 10

2. 真实世界的问题解决，激发学生探索数学的好奇心和求知欲

一年级上册第八单元的"认识钟表"，结合学生一天的真实生活展开，引导学生认识真实的世界，建立时间的概念。教材内容的设计大胆创新，利用树影这样的真实情境（如图 11），引导学生感受并解决与时间相关的问题，好奇心会自然产生；进一步交流分享的设计，引导学生体会数学思考的乐趣和数学世界的神奇。学生在真实、完整的世界中解决问题，进而引发学生对数学中的奥秘持续探索。

图 11

同时，教材中还融入了数学文化的内容，引导学生在数学文化的熏陶下，经历像古人一样的真实的思考过程，体会到探索数学的乐趣。（如图 12）

图 12

3. 任务链的引导、示范，培养学生养成读懂他人、遵守规则、自我反思的习惯

(1)生动、简洁的对话，帮助学生读懂他人，发挥引领和示范作用

教材通过淘气、笑笑、奇思、妙想、智慧老人之间的对话，呈现了学生真实的学习状态。小主人公的语言、表情、神态，以及对数学的思考，为刚入学的学生学会如何参与到学习中、如何与同伴交流、怎样倾听，发挥了引领和示范的作用。(如图13)

● 数一数，说一说。

有2架飞机。

1、2、3、4，有4辆小汽车。

● 用下面的方法计算 $8+6=$ □，你能看懂吗?

 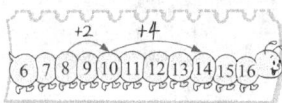

想一想

你的校园里有哪些数学信息? 你能提出哪些数学问题?

我们班有20名男生……

我们学校有6个年级，每个年级3个班……

乒乓球、皮球、篮球、足球都是圆圆的……

学校女老师很多，男老师很少……

图 13

由最初的针对同一个问题的简单回答，到对同一个问题不同解决方法和策略的分享，尝试读懂他人独特的思路，再到小组合作，教材都充分发挥了数学知识育人、活动育人的功能。在每个问题的下面，教材都呈现了学生多角度的思路，学生既可以分享到同伴的不同想法，也体现了个性化的思考和理解。无论是以问题的形式引发学生的持续思考，还是以智慧老人归纳、概括、总结的方式，都为学生的数学学习提供了有效支持。

(2)富有挑战性的活动，渗透了规则意识

一年级上册和下册教材分别在"数学好玩"中设计了数学游戏，游戏中明确提出了游戏规则; 实践活动任务的目标和流程也非常明确、清晰。学生在开展

活动的过程中，需要读懂规则、理解规则、应用规则，才能确保活动有序和顺利地开展，让学生在活动中体会到遵守规则的重要性，进而渗透规则意识。（如图 14）

游戏规则：
· 10 个物体都要用上。
· 堆出的作品要有创意。
· 堆得又快又高的小组获胜。

你能看懂游戏规则吗？

活动任务：按不同标准将扣子进行分类。

议一议
你准备怎么分？与同伴交流。

可以按形状分   我按扣眼……

做一做
1. 分一分上面的扣子。

2. 与同伴交流，你有什么新的想法？

哦，我知道了，还能按扣眼的个数继续分。   我还能按形状分下去吗？

图 14

（3）简单、有趣的自我评价，培养学生的反思能力及合作意识

在综合实践活动中，教材为学生提供了针对学习过程或结果的反思和自我评价的机会。比如，游戏结束后，通过设置开放性的问题引导学生说一说：游戏中你发现了什么？学生既可以回顾在游戏中遇到的问题和困惑，也可以谈自己是如何解决问题的，还可以将自己小组合作愉快的成功秘诀与同伴分享……这样的自我评价，可以让学生在真实、放松、愉悦的状态下回顾自己的表现和收获，反思、调整、改进自己的不足，从而培养了反思能力和良好的合作意识。（如图 15）

● 游戏中你发现了什么？说一说。

我们小组合作得特别愉快！

球最难堆了……

我们是把大的放在下面……

⭐ 自我评价

在这次活动中，我的表现是：

能找到合适的分类方法。	😊	😐	😞
能主动参与分类活动。	😊	😐	😞
在活动中能积极思考。	😊	😐	😞

图 15

　　新世纪(北师大版)小学数学教材将数学学科的育人价值蕴含其中，促进学生全面健康可持续发展，也为教师更好地实现学科育人价值提供了良好的支撑。正如教育家蒙台梭利所说："我们对儿童所做的一切，都会开花结果，不仅影响他的一生，也决定他的一生。"这样的编排，学生积累的数学学习经验不仅会逐步转化为学习信念和对数学持久的热爱，更重要的是发展良好的思维能力。

　　综上所述，新世纪(北师大版)小学数学教材情境的选择，任务链和问题串的整体设计，将学生的探索活动与解决问题的多样方法紧密联系在一起，形成学生个体的真实体验与知识建构，让学生思维清晰可见。

　　数学学科育人，它保证了数学教育本身应该具有的呵护并激发学生的探究欲和好奇心的价值功能，实现了高质量的学生思维、情绪和感受的一系列经验重组的学习过程，使教育目标得以整体实现。

　　最后，希望这套引领学生成长，为学生的发展助力、赋能的教材能够惠及更多的学生，开启他们的"数学之眼"。

把握教学节奏　丰富学习资源　实现育人价值
——新世纪(北师大版)小学数学二年级教材编写特色

北京市朝阳区教育科学研究院　钱守旺

北京师范大学课程中心数学工作室　王明明

新世纪(北师大版)小学数学教材以数学思想方法为主线,在帮助学生掌握必备数学知识的同时,着力发展学生的核心素养,促进学生有条理地思考、主动合作、善于实践、勇于创新。

(1)遵循学生身心发展规律,通过"情境＋问题串",实现"教材内容展开过程、数学发生发展过程、学生学习过程、教师教学过程和课程目标实现过程"的"五位一体",利学利教。

(2)创设真实、有趣、富有挑战性的学习情境,密切数学与学生生活的联系,将社会发展新成就、科技进步新成果和中华优秀传统文化,有机融入学生的数学学习进程。

(3)体现"问题情境—建立模型—解释应用"的基本过程,提供大量观察、实验、猜测、推理和反思的机会,激发学生在有意义的活动中自主学习、合作探究。鼓励丰富多样、富有个性的问题解决策略,促进每位学生主动发展、健康成长。

二年级学生好玩、好探究,以形象思维为主。为此,教材设计了丰富有趣的活动,鼓励学生在尝试中积累经验,借助经验和直观感悟数学、理解数学。重视经验积累,体现学习层次,让数学学习"有梯度";突出数学本质,强化知识理解,让数学学习"有深度";丰富学习素材,关注学科德育,让数学学习"有温度"。

一、体现做数学的过程,重视学生数学活动经验的积累

"让人走得远"的教学不把传授系统知识视为教学的本质,而是创造条件,让学生在知识探究中产生自己的体验和理解。弗赖登塔尔认为,每一个学生都可以在恰当的指导下重新发现已经由前人发现的数学知识,而学习数学的最好方法是让学生"再创造"数学,只有用这种方式才能真正学好数学。教师不应该将现成的概念和定理等知识灌输给学生,而应该为学生提供丰富的实例,设计和组织恰当

的活动，让学生自己去发现这些知识。

数学活动经验，特指在数学活动中，学生亲身参与数学活动所获得的直接的感受、经历和体验。数学活动经验是学生个人经验的重要组成部分，是学生学习数学、提高数学素养的重要基础之一。苏霍姆林斯基曾说过，学生对知识思考的时间越多，便越能对其产生认同感。在学习过程中，当学生经历了一系列思考和体验活动后，即便没有得出完整结论，脑海中也能留下深刻的印象。为此，二年级教材在重要内容学习的初期，坚持放慢脚步，创设适切的情境，引导学生经历数学学习过程，积累活动经验。

为了帮助学生积累乘法的学习经验，二年级上册在第三单元第一节安排了"有多少块糖"的数数活动；为了帮助学生积累除法的学习经验，二年级上册在第七单元安排了"分物游戏""分苹果""分糖果"的活动，通过3次分一分，帮助学生积累分物的经验，为进一步学习除法知识打基础；为了帮助学生积累度量的学习经验，二年级上册在第六单元安排了"教室有多长"的测量活动，为学生创设了思考、操作的空间，提供了经历、体会、积累直接经验的机会，初步发展了度量意识。

二年级上册第三单元教学内容的编排也很有"节奏感"。每节课教学的侧重点是不一样的。第一节课，课前教师需要准备充足的数数材料，保证学生有东西可数，有充分的时间去数，用多种方法去数；第二节课，让学生充分经历把数的过程变成连加算式，再把连加算式改写成乘法算式的过程，使学生体会到学习乘法的必要性，体会到用乘法算式表示连加算式的简洁性，学会运用数学的思维方式进行思考；第三节课，教材充分发挥点子图的直观作用，通过组织学生和同伴一起数点子的活动，帮助学生进一步理解乘法的意义；第四节课，则充分用好情境图中的数学信息，借助学生喜欢的童话情境，从不同的视角出发，使学生经历"看、想、说、连"的过程，深化对乘法意义的理解。

为了帮助学生积累图形运动的经验，二年级上册教材编排了"图形的变化"单元，通过"折一折""玩一玩""做一做"等有趣的数学活动，帮助学生积累轴对称、平移和旋转的经验，让学生在课堂上通过对话诞生精彩观念，产生真实的体验，让数学学习过程变成一种愉快的探究之旅。

二年级下册第八单元，是学生第一次接触调查、统计活动，以积累基本活动经验为主。教材给出了文字、符号、直观图、画"正"字等多种非正式的调查记录方式，帮助学生体会"记录"数据的要义。同时，鉴于是第一次学习，所以，第一课时设计了"他们是这样记录调查数据的，你看懂了吗？和同伴说一说"的问题，即针对完全陌生、没有知识基础的内容，首先是让学生进行观察式学习，然后在观察的基础上，通过交流开展学习活动；第二课时设计了"调查每个人最喜欢的水果，怎么记录调查数据"的问题，即让学生尝试用自己的方式去记录调查的数据。两个活动内容层层递进，不断深入。

这里需要提醒教师注意的是，数学学习具有累积性，后一阶段的学习是建立在学生已有的知识和经验的基础之上的，是对前一阶段知识和经验的深化与发展。因此，数学活动经验重点在积累，教师切不可"包办代替"。同时，也应该看到仅停留在感性层面的经验是粗浅的，需要通过一定的教学手段予以提升。抽象概括是形成概念、得出规律的关键手段，也是建立数学模型最为重要的思维方法。学生学习数学，需要充分地经历观察、思考、比较的过程，获取丰富的感性经验，再从许多数学事实或数学现象中舍去个别的、非本质的属性，抽象出共同的本质属性。

二、提供具体、有效的学习支持，帮助学生理解数学

具体、可操作的学习支持能有效架起学生经验与数学知识间的桥梁。现代数学教育理论认为，学数学就是"做数学"，只有在"做数学"的过程中，才有可能学懂、学会数学。"智慧自动作发端"，动手操作是学生学习数学的重要途径和方法．动手操作能把抽象的知识变成看得见、讲得清的现象，学生动手、动脑、动口参与获取知识的全过程，使操作、思维、语言有机结合，获得的体验才会深刻、牢固，从而积累有效的操作经验。

例如，二年级下册第三单元"生活中的大数"，教材引入了计数器、小方块、数线等直观模型，帮助学生迁移一年级的认数经验，理解大数的意义，发展数感。

有余数除法是学习除法的难点，教材通过不断增加小棒数摆图形的过程，引导学生发现规律，体会余数与除数的关系，理解有余数除法竖式的意义。二年级下册第一单元中的"搭一搭（一）"，在学习有余数的除法内容时，教材不是孤立地让学生认识什么是余数，而是设计了"搭一搭"的活动。首先引导学生结合用小棒搭正方形的过程，直观理解什么是余数；其次，设计了问题"搭一搭，填一填，你发现了什么"，通过 14，15，…，20 一组连续根数的小棒搭正方形的活动，引导学生探索余数和除数之间的关系。在整个搭正方形的过程中，学生可以很自然地发现，有时候小棒正好用完，有时候小棒会有剩余，而且随着小棒总数的增加，剩余的小棒数量也相应增加，但是增加到一定程度，这个过程突然被"中断"了（小棒刚好用完），再继续下去，似乎又出现了一个循环。学生在操作过程中会发现这个过程很奇特，好像有一个内在的东西在控制整个过程，其实这就是"规律"在起作用。这里，从知识的认识到理解，再到深入探索，突出了数学本质，强化了知识理解，是一个扎实的深度学习过程。

"倍"实际上是除法意义的拓展，就像"比多少"是减法意义的拓展一样。建立除法与"倍"的意义的联系，使得除法不仅能表示平均分的问题，而且也可以表示两个数量之间的倍数关系。本套教材把"倍的认识"安排在"除法"单元，主要基于两点考虑：一是学生此时已经积累了更多的计算乘、除法的经验，心智、技能更为成熟，更有利于学生理解相关的知识和方法；二是运用"倍"的概念解决相关实际问题时，需要学生对乘、除法的含义以及它们之间的关系有较为透彻的理解，让学生学以致用解决实际问题，有利于提高学生解决问题的能力。

在二年级下册第四单元"1 千米有多长"一课中，教材引导学生借助手拉手站一排、走一走、用卷尺量等活动体验 10 米和 100 米有多长，在这样充分的活动体验后，引导学生想一想 1 000 米的长度："10 个 100 米跑道的长度是 1 000 米。""1 000 米大约需要走多少步?"在这个想一想的过程中，学生不仅对 1 000 米的认识有了一个相对深入的思考，而且有了借助生活经验来想象 1 000 米长度的思考经验。在"长方形与正方形"一课中，教材不是直接告知长方形与正方形的特征，而是在经历"折一折""量一量"的活动后，让学生思考"你发现了什么"，引导学生经过自己的数学思考悟出可以从边和角两个角度来研究长方形的特征。经历多个这样的活动，既能丰富学生数学思考的角度，又能加深数学思考的深度。

三、科学设计单元结构，让学生从学会到会学

在建构主义者看来，影响学习的主要因素是学习者对新旧知识的处理、真实学习情境的创设以及协作与对话等。教学过程是教育者根据课程目标，指导学习者按自己的情况来对新旧知识进行处理与转换，注重以学习者为中心进行教学，充分考虑学习者在具体教学情境中学习有意义的知识、态度，培养学习者在捍卫自我经验和观点的同时，又能尊重他人的见解并与他人对话与合作，共同建构知识来提高自己全面发展的能力。

数学教材是连接"数学课程目标"与"数学课堂教学"的主要桥梁。作为连接课程与教学的桥梁，教材的功能已不仅仅是单纯地传递"学什么"，还承载着表现"怎样学"的任务。例如，本套教材把乘法口诀分成两个单元进行教学：二年级上册第五单元教学 2~5 的乘法口诀；第八单元教学 6~9 的乘法口诀。

教材之所以先安排学习 5 的乘法口诀，主要考虑到三点：一是因为每只手都有 5 个手指，在学习的时候学生可以把它作为学具；二是学生具有丰富的 5 个 5 地数数的基础和经验；三是 2 个 5、3 个 5，一直到 9 个 5 的和很容易得出，而且把 5 顺次相加所得的和也很有特点，更加有利于学生去探寻、发现其中的规律，掌握乘法口诀的编制方法。5 的乘法口诀的教学非常关键，这节课学生学好了，接下来 2，3，4 的乘法口诀的学习便会变得非常轻松。6，7，8，9 的乘法口诀

的学习，则是更加放手，充分运用知识的迁移，引导学生自己编制口诀。教学侧重点则由"编口诀"到"理解口诀"，通过"点子图"和"数线图"帮助学生理解口诀之间的内在联系，巧妙记忆乘法口诀，把数学知识"学活"。

这两个单元的重点是理解每一句乘法口诀的含义，明白乘法口诀的来源。这两个单元结构上体现一定的同构性：（1）由情境引入连加，算出得数；（2）借助乘法意义编制口诀；（3）寻找规律，记忆口诀。这种编排便于体会乘法口诀的内在联系与规律，便于运用知识的迁移学习新知识，并在理解的基础上记忆口诀。

四、提供丰富的现实题材，拓展数学育人资源

落实立德树人根本任务，必须将价值塑造、知识传授和能力培养三者融为一体。教材是小学教育教学活动的核心载体，也是解决"为谁培养人、培养什么人、怎样培养人"这一根本问题的载体。本套教材始终坚持密切数学与学生现实生活的联系，引导学生理解数学的同时，实现育人功能。

例如，二年级上册，用易拉罐做灯笼和向日葵、用植物种子做猫头鹰发展学生的审美情趣；"争做环保小卫士""回收废电池"渗透了环保意识；给贫困母亲送"贴心包"流淌着浓浓爱意；"班级旧物市场"让学生养成勤俭节约的好习惯；介绍算盘、四大发明、中国古代计数法，渗透中华优秀传统文化，培养文化自信。通过"班级旧物市场"活动，有些学生发生了很大改变，家长向老师反馈说：以前孩子买东西的状态是想买就买，现在却是先看价格，通过比较的方法，学会挑选，节俭了很多。这正是我们开展这个活动的目的，不仅要学会知识，更要在生活中明白一些道理。通过组建旧物市场，让学生进行平等的交易，既训练了学生的活动组织能力，又让学生学到了课堂没有的知识，培养了学生应用数学的意识和学习数学的兴趣，让学生真切地感受到了数学的"好玩"。

又如，二年级下册，通过"回收废电池""十年的变化"向学生进行环保教育；"奥运开幕"中引出对时间单位的认识，渗透浓厚的爱国主义情怀。此外，还有贴近学生的童话情境，感受数学魅力的数学文化情境等内容，深入贯彻教书育人的教育理念。

总之，二年级教材突出课程"整体育人"的基本理念，确保教材的正确导向，把促进学生健康成长作为基本的出发点和落脚点，从教材编写的源头做到高质量和高品质。

密切联系现实世界 在丰富的活动中理解数学
——新世纪（北师大版）小学数学三年级教材编写特色

吉林省吉林市第一实验小学 　陈晓梅
吉林省教育学院 　何凤波

三年级学生有抽象思维的萌芽，但仍以直观形象思维为主。为此，教材密切联系现实世界，设计丰富的活动，帮助学生理解数学，发展应用意识、推理能力和空间观念。

一、基于现实情境，将计算和解决问题有机结合

在解决真实情境的问题中学习数学、应用数学是全套教材的重要特点。三年级有大量的计算内容，处理不好就会单调枯燥、学生厌学。教材创造性地将计算与解决问题有机结合、整体规划，有的课侧重在解决问题的背景下理解算理、巩固计算，有的课侧重综合运用知识解决实际问题，发展应用意识。这样的设计利学利教，使得计算和解决问题相得益彰又重点突出。

例如，三年级上册第一单元"混合运算"，教材安排了体例基本一致的三节课，都是以解决问题为主线，体会混合运算顺序的合理性。

"小熊购物"（乘加乘减）一课（如图1），安排了三个问题和"试一试"。其中，第一个问题"胖胖应付多少元"，让学生体会同一个问题可以有不同的解决方法；第二个问题"淘气和笑笑是这样列式的，你看懂了吗"，则是结合实际情境，理解乘加混合运算每一部分表示的实际意义，体会"先算乘法，后算加法"的合理性；第三个问题"有加法又有乘法，先算什么，再算什么"，引导学生自己归纳总结运算顺序，帮助学生体会建立运算规则的意义和价值；最后，借助"试一试"中的问题，迁移乘加混合运算的经验，体会乘减混合运算"先算乘法，后算减法"的合理性，在理解每个算式意义和运算顺序的基础上进行计算。这几个问题注重数量关系的理解，层层深入，环环相扣，为正确合理地计算奠定了基础。

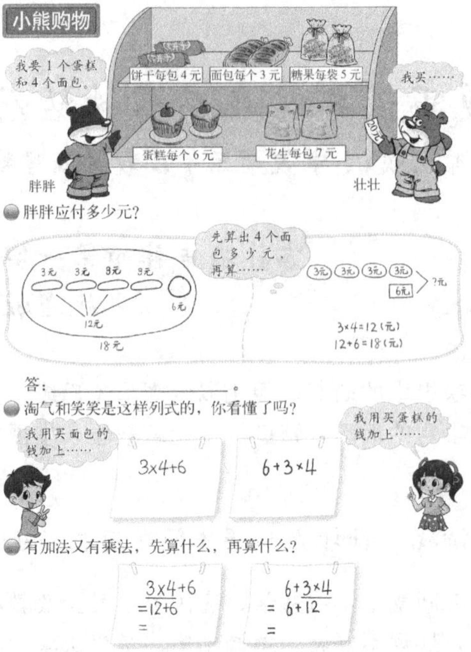

图 1

　　再如，三年级下册"节约"一课（如图 2），把整数除法的口算和竖式计算融入解决问题过程之中，结合实际问题分析数量关系，探索除法竖式的计算方法，给抽象的计算赋予了解决问题的现实意义。

图 2

三年级教材还设计了"寻找生活中的原型"的活动，鼓励学生根据算式说现实中的"数学故事"，不仅经历知识的形成过程，即"从哪里来"，还让学生知道所学的知识"到哪里去"。随着学生年龄的增长，找原型的形式也不断丰富，教材在前几册教材的基础上，根据具体内容，创设了下面的寻找生活原型的问题。

(1)给出算式，到指定的情境中找原型(如图3)。

3.

售票处

成人票：8元
儿童票：4元

(1) 淘气有 50 元，买 8 张儿童票，应找回多少元?
(2) 结合情境说说下面算式的意思。

$8×2+4$　　$50-4×5$　　$8×7-50$

图 3

(2)给出两个例子引导学生继续寻找算式在生活中的原型(如图4)。

4.看一看，说一说，用$(4+2)×5$能解决什么问题?

上衣4元　裙子2元

图 4

这样的活动贯穿教材的始终，不失时机地重复出现，从不同的角度诠释每个算式所表示的实际含义，有效地促进了学生的数学理解，增强应用意识。

二、充分运用画图策略、用好点子图等，帮助学生更好地解决问题、理解算理

教材十分重视引导学生通过画直观图理解问题中的信息，厘清数量关系，特别是已知与未知之间的关系，从而找到解决问题的路径或加深对运算的理解。如在乘法学习中，教材整体设计并充分发挥点子图的作用，继续用点子图支撑学生根据乘法的意义、数的意义，探索计算的多种方法，理解乘法竖式每一步的意义，发挥直观模型对数学探索和数学理解的作用。

三年级上册第四单元"需要多少钱"一课学习"两位数乘一位数的口算乘法"，教材直接呈现学生用点子图和表格计算$12×3$的方法(如图5)，引导学生探索出更多的计算方法(如图6)，初步感知两位数乘一位数的算法就是先分块分别求积，再求各个积的和。把算法分类后，可以更加清晰地看出算理就是乘法的结合

律和分配律(学生只是初步感知)。

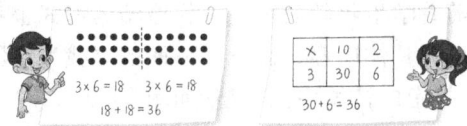

● 淘气和笑笑是这样算的，你看懂了吗？与同伴说一说。

图 5

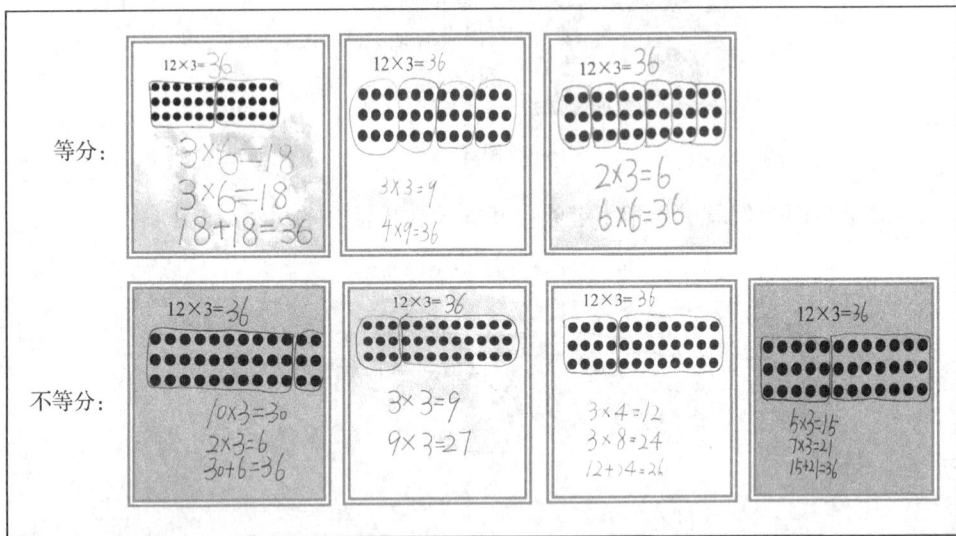

等分：

不等分：

图 6

三年级上册第六单元"蚂蚁做操"一课，学习"两位数乘一位数的竖式乘法"，第一个问题(如图 7)要求"在点子图上圈一圈，算一算"，探索解决问题的不同方法，为理解乘法口算与竖式计算之间的联系奠定基础。

● 一共有多少只小蚂蚁？在点子图上圈一圈，算一算。

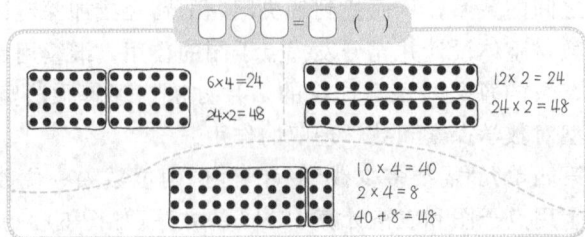

图 7

　　第二个问题(如图 8)重点是突出竖式计算中两个加数的意义,揭示了竖式计算中两个重要的计算步骤与口算的联系,即都是用一位数分别去乘另一个乘数的每一位,再把所得的积相加。

　　● 看一看,说一说竖式每一步的意思。

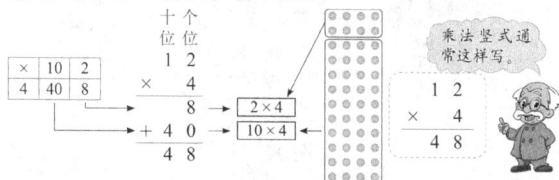

图 8

　　三年级下册第三单元"列队表演(二)"一课,学习"两位数乘两位数的竖式乘法",教材用点子图解释竖式中每一步的意义,使学生知其然也知其所以然(如图 9)。

　　● 看一看,想一想,说一说竖式每一步的意思。

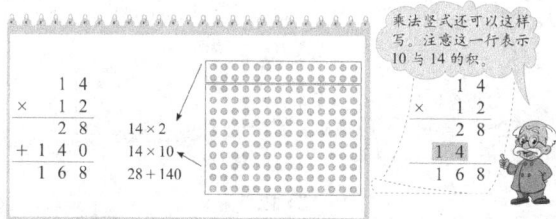

图 9

　　这一学习过程,不仅让学生直观理解了两位数乘一位数、两位数乘两位数的算理,即把整体分块分别求积后再求和,还发现了算法,同时沟通了各种算法之间的联系。

　　在解决问题的过程中,有的学生把画直观图直接作为解决问题的工具或手段,用画图的方法表示自己的思考过程与结果(如图 10);有的学生先用画图的方法表示已知数与未知数之间的数量关系,根据几何直观寻找解决问题的思路,再分步列式(如图 11)。

　　● 胖胖应付多少元?

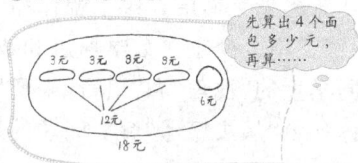

图 10

31

● 壮壮有 20 元，买 3 包饼干应找回多少元？

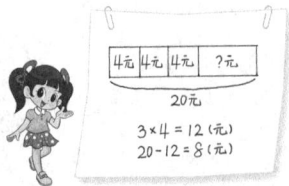

$3 \times 4 = 12$ (元)

$20 - 12 = 8$ (元)

图 11

　　三年级下册第一单元"讲故事"一课，设置了一个现实的问题：语文课上学生轮流讲故事，淘气选了一篇 850 字的故事文稿，试讲时用了 5 分钟，淘气 3 分钟能讲多少字？教材引导学生画示意图分析数量关系，为列分步算式和综合算式提供直观支撑(如图 12)。通过画图分析数量关系，再列式计算解决问题，有利于帮助学生理解混合算式的实际意义和运算顺序，积累相关经验。

● 淘气 3 分能讲多少字？想办法表示题目中的信息。

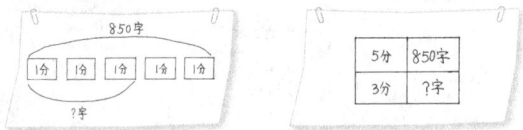

图 12

　　另外，学生在解决现实问题的过程中常常会遇到这样的情况：情境中呈现的信息很多，看起来比较繁杂，但并不是所有的信息都对解决问题有帮助，真正需要的信息往往隐含在情境图中或题目的字里行间，多数学生不知该从何处入手解决问题。针对这一状况，教材在编写时，注意引导学生运用画图的方式简洁呈现问题中的数学信息，分析数量关系，正确理解题意，逐步体会"化繁为简"的数学思想，培养学生选择信息的能力。

　　三年级上册第六单元"去奶奶家"一课中的第一个问题(如图 13)，教材给出了三幅学生作品，第一幅作品去掉了无用信息，只呈现了行车路线图，路线图与实际路线非常相似；第二幅作品将第一幅作品进一步简化，变成了一条折线，并标出了各段所需要的时间，看起来更简洁；第三幅作品呈现了所有的信息，把折线变成线段，引导学生体会"在不改变重要数学信息和数量关系的前提下"，"图"也可以逐渐"抽象"。用不同学生的"视角"和"语言"来还原每一个直观图与主题情境的内在关系，这一编排体现了"从头思考"解决问题的过程。

● 3位同学通过画图表示题目的意思，你能看懂吗？与同伴说一说。

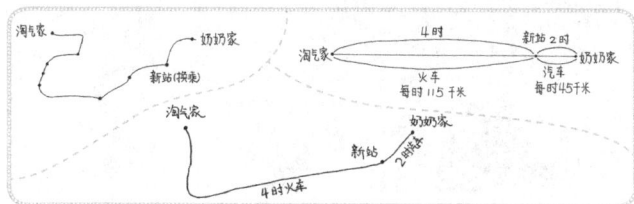

图 13

三、在图形与几何学习中设计丰富的活动，发展空间观念和推理能力

发展空间观念和推理能力离不开丰富的观察、想象、分析、推理活动。教材在三年级上册"观察物体"单元设计了大量生动有趣、易操作、能沉浸其中的观察活动，还特别鼓励学生先想象、再模拟、进而验证；三年级下册"面积"单元则以测量问题为主线，鼓励学生借助经验理解面积单位的实际意义，体会单位转换的真实内涵，能根据实际问题选择合适的单位，从而体会度量的意义，推理能力自然而然地得到了发展。

三年级上册第五单元"什么是周长"一课，教材设计了"描一描""认一认""量一量""数一数"四个系列活动，直观帮助学生体验和感悟周长这一概念的形成过程和实际含义。

在"描一描"（如图14）活动中，通过描树叶和数学书封面边线的活动，帮助学生获得对周长鲜明、生动、形象的认识，初步感知周长的含义。

● 用彩笔描出树叶和数学书封面的边线。

图 14

在"认一认"（如图15）活动中，包含两个对象：一是以树叶的周长为例，认识物体表面的周长；二是以长方形周长为例，认识平面图形的周长。

● 认一认，说一说。

我爬过一周的长度
就是树叶的周长。

图形一周的长度就
是图形的周长。

图 15

在"量一量"(如图 16)活动中，鼓励学生经历实践操作的过程，进一步理解周长的内涵，并能根据实际需要选择合适的方法测量图形的周长。

● 你能得到树叶和数学书封面的周长吗？与同伴合作，量一量。

图 16

在"数一数"(如图 17)活动中，鼓励学生体会数一数的过程，数出图形一周的边线包含多少个小方格的边长，就"量"出了图形的周长有多少厘米。

● 数一数，下面图形的周长分别是多少厘米？

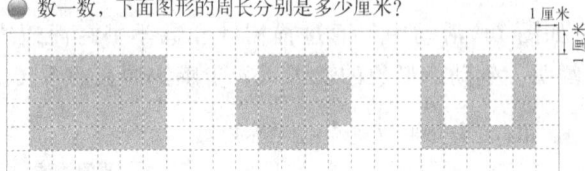

1厘米

1厘米

图 17

可以说，这一过程呈现了学生从周长意义的角度探索如何得到平面图形周长的一般方法，体现了知识产生、形成与发展的过程，为后续学习奠定了很好的基础。

三年级下册第五单元"长方形的面积"一课(如图 18)，为推导长方形的面积公式，教材引导学生用面积单位去摆给定的长方形，在摆的过程中，学生体会到：长方形的面积就是它包含单位面积的数量，而这个数量可以转化为长方形的"长×宽"。在操作和思维活动中，学生关注了知识的本质，经历了知识形成的过程，从而体会到度量的意义和价值，培养了推理能力。

● 长方形①的面积是多少? 用1平方厘米的正方形摆一摆。

一共摆了 6 个小正方形,所以它的面积是 6 平方厘米。

每排摆 3 个,正好摆 2 排,所以面积是: 3×2=6 (平方厘米)

● 下面两个长方形的面积分别是多少? 摆一摆。

● 填一填,想一想,你发现了什么?

	长/厘米	宽/厘米	面积/平方厘米
图①			
图②			
图③			

长方形面积=

图 18

三年级上册"观察物体"单元,教材安排了"看一看(一)"和"看一看(二)"两个活动。"看一看(一)"为学生呈现的是"观察长方体纸箱"的现实情境,这一情境易于找到类似实物。"看一看(二)"中第三个问题(如图 19)从窗外观察室内的情景,窗外淘气的位置与室内学生恰好相反,有一定挑战性,学生不仅要细致观察,还要借助推理才能判断。为此,教材在第四个问题安排了模拟活动,先让学生根据给出的情境观察想象,尝试作出判断,再模拟观察,把实际看到的和想象的景象进行比较,得出正确结论。这些活动有助于学生积累想象的经验,提高对物体之间关系进行把握的能力,逐步发展空间观念。

● 淘气从窗外看到的情景会是下面哪幅图? 说说你的理由。

● 与同伴合作,模拟上题中的情景做一做,看看你选择得对不对。

图 19

35

　　好的教材内容，不仅要符合学生的认知规律，利于学生体验、理解、思考和探索，还要在数学结果的形成过程中蕴含数学思想方法。三年级教材的编写在这方面下足了功夫，在内容的选择上，强调贴近学生的实际，帮助学生积累经验；在内容的呈现上，注重层次性和多样性，特别强调直观，帮助学生处理好直观与抽象的关系，突出学生的思维过程。同时，教材设计了有效的数学活动，让学生在活动中感悟数学思想，积累数学活动经验，提升关键能力，凸显数学本质，使数学核心素养得以有效体现与落实。

创新教材编写 培养学生核心素养

——新世纪(北师大版)小学数学四年级教材编写特色

东北师范大学附属小学 赵艳辉

北京第二实验小学 黄利华

数学在促进学生发展的过程中起着不可替代的作用，发挥数学的教育价值是我们的重要任务。小学数学教材正是突出数学课程育人价值、切实落实立德树人根本任务的重要载体。因此，小学数学教材编写要坚守儿童数学教育的立场，努力连接起儿童和数学，基于儿童经验和学习路径，展现出数学的本质和教育价值。

基于以上思考，新世纪(北师大版)小学数学教材的编写着力突出以下几个特点。(1)以数学思想方法为主线，在掌握必备数学知识的同时，着力发展核心素养，促进学生有条理地思考、主动合作、善于实践、勇于创新。(2)遵循儿童身心发展规律，通过"情境＋问题串"，实现"教材内容展开过程、数学发生发展过程、学生学习过程、教师教学过程和课程目标实现过程"的"五位一体"，利学利教。(3)创设真实、有趣、富有挑战性的学习情境，密切数学与学生生活的联系，将社会发展新成就、科技进步新成果和中华优秀传统文化有机融入数学学习。(4)体现"问题情境—建立模型—解释应用"的基本过程，提供大量观察、实验、猜测、推理和反思的机会，激发学生在有意义的活动中自主学习、合作探究。鼓励丰富多样、富有个性的问题解决策略，促进每位学生主动发展、健康成长。

四年级学生好探究、好讲理，渴望挑战，更加关注社会与科技，是思维发展的活跃期和关键期。为此，教材着力拓展学习空间，拉长学习过程，激发思维，发展数学理解。重点体现在以下三个方面。

一、以数学基本思想为主线，拉长学习过程，体现数学本质

数学思想是指人们对数学理论与内容的实质认识，是从某些具体数学认识过程中提炼出的一些观点，它直接支配着数学的实践活动，是探索数学所依赖的基础，也是数学课程教学的精髓。数学抽象、数学推理、数学建模反映的是数学的基本思想，是数学核心素养中最重要的数学思维品质。使学生获得数学的基本思想，是数学课程的重要目标。本套教材纵向以基础知识与基本技能为线索组织学

习内容，重视以数学基本思想为主线；横向整体设计，贯穿基础知识与基本技能于学习中。整套教材以核心内容多课时设计和一类内容以单元或跨学期整体设计两种方式进行编排。四年级教材注重年级学习内容的整体设计，经历探索与交流数学的体验过程，促进学生对核心概念经历循序渐进或螺旋式上升的感悟过程，增强对数学核心概念的理解。

1. 核心内容多课时设计，促进学生深入理解数学知识

小学阶段所学习的知识与技能都是最基本的，特别是一些核心内容，是后续进一步学习的基础。而符号化和形式化的基本概念，对于学生来说不是一节课就能理解和掌握的，特别需要给学生创造直观思维、实践探索、交流反思的机会，给学生"悟"留有充分的时间和空间。例如，四年级下册"小数意义"的内容，为了让学生在小数初步认识的基础上理解小数的意义，教材安排了 3 节课，分别运用面积、长度、数位顺序表等认识数的直观模型，帮助学生逐步感悟小数就是表示十分之几、百分之几、千分之几等的数，是十进制分数的一种特殊表现形式；促进学生很好地理解小数相邻两个计数单位之间的进率也是 10，顺理成章地呈现整数、小数数位顺序表，沟通小数与整数之间的联系；引导学生感悟"十进位值制"是数的认识的本质，体会数的抽象性，促进对数学的理解和掌握。又如，四年级上册"角的度量"的内容，教材安排了 2 节课，其中"角的度量（一）"引导学生在探索角的大小的过程中，充分经历 1°角的产生过程，在体会 1°角产生的必要性的同时，再次感受度量的本质，即度量就是几倍单位量的数值化表示，度量思想、度量的活动经验、空间观念也随之得以发展。再如，四年级上册"生活中的负数"的内容，为帮助学生理解负数的意义，教材安排了"温度"和"正、负数"2 节课，"温度"一课，意在引入负数名称（概念）之前，通过以"温度"为负数的现实模型，让学生在创造图形或符号记录零上、零下温度的过程中，直观认识生活中相反意义的量，感悟数的范围扩充的必要性，为第二节课归纳负数的意义积累了活动经验。

2. 一类内容按单元整体设计，促进学生深入感悟核心概念

核心概念本质上体现的是数学基本思想，与某领域内容直接相关，而领域内容又以单元构成，单元又是以有逻辑关系的内容模块式构成的，所以，核心概念的学习目标不是一课时能实现的，要跨课时或跨单元、跨学期（学年）才能实现，可见单元的整体设计是理解核心概念的基础与前提。本套教材非常重视核心概念在单元内容中的孕育与彰显，观察整个单元的始终，把零散内容连贯成一个整体，使核心概念所体现的数学思想成为单元的灵魂。例如，四年级上册"运算律"单元，针对 5 个运算律创新了内容呈现结构，即以"观察发现—仿写算式—解释规律—表述规律"的同构方式呈学习内容，不仅可以加深学生对运算律意义的理解，同时也让学生经历了发现与提出问题（规律的构建）、分析与解决问题（规律的运用）的"从头到尾"思考问题的全过程。从运算意义出发，感悟运算律即为算式本身的恒等变形，理解数学本质，提升了学生的推理能力，培养了符号意识，也促进了学生迁移学习的探索运算规律的一般方法自主探索其他运算规律，从而教师好教，学生会学、善学。又如，四年级下册"认识三角形和四边形"单元，整体设计"探索与发现：三角形内角和""探索与发现：三角形边的关系"两个内容，教材重视引导学生开展探究学习，经历"猜想—验证"的推理过程。针对小学阶段学生的特点，教材鼓励学生进行猜想，并用自己的语言和多种方式说明道理，同时呈现学生可能出现的困惑，鼓励学生将理解中的困难、迷思作为探讨问题予以提出，促进学生结合推理说明道理，让学习真正发生，向学生传递一种求真、诚信、科学研究的态度与方法。再如，四年级下册"认识方程"单元，"认识方程"是义务教育阶段方程、函数等核心内容的起始，方程也是小学生接触到的最为抽象的概念，其本质是描述现实世界中的等量关系。为了更好地培养学生的符号意识，教材精心安排了本单元的学习内容。其一，在起始课（2 节课）通过生动有趣的具体情境，帮助学生体会字母表示数的必要性和优越性，促进学生代数思维的发展；在此基础上，安排了"等量关系"一课，采用跷跷板、口头语言、画图、写式子等方法，多样化地表达现实生活中的等量关系，为理解"＝"的本质含义积累了数学活动经验，为第四节课用等式表达未知数与已知数之间客观存在的等量关系奠定了抽象思维基础。这样的 4 节课使学生对"方程是含有未知数的等式"这种形式化的定义有了更本质的理解。其二，从"用字母表示数""等量关系""认识方程"到"解方程（一）""解方程（二）"，从新授课到练习课，都以跷跷板、天平为直观模型（共出现 11 次）贯穿整个单元，模拟等式和等式变形的过程，帮助学生把握方程的本质，促进代数思维的形成。

数学基本思想是数学课程的"四基"之一，是对"双基"的继承与发展，与数学核心素养一脉相承。数学基本思想不是教师教出来的，是靠学生自己悟出来的，四年级教材针对某些核心内容和重点单元进行整体设计，给学生创造时空，提出合适的问题，提供直观思维和归纳的机会，激发学生好探究、爱思考、喜讲理的天性，逐步发展理性思维。

二、精心设计项目式学习活动，突出问题解决，培养综合能力

项目式学习是课程改革的发展趋势，它是一种跨学科的综合学习方式，强调课程的综合性是我国第八次课程改革的亮点。本套教材在第二学段开始尝试编写项目式学习内容，突出课程的综合性与实践性，倡导通过"活动任务—设计方案—动手实验—交流反思—自我评价"的活动过程，鼓励学生"从头到尾"思考问

题。例如，四年级上册"数学好玩"中的主题学习"滴水实验"，设计了"观察滴水现象，提出数学问题—讨论实验步骤，形成实验方案—小组分工协作，收集实验数据—交流反思，自我评价"的学习内容，让学生在质疑、反思、调整的探究学习中，用真实的数据解决真实的问题。再如，四年级下册的"栽蒜苗（一）"和"栽蒜苗（二）"活动是本套教材的原创，通过学生亲自实践、记录数据、刻画蒜苗生长情况，经历数据处理的全过程，融入科学探究、劳动实践和生态教育。

这两个内容的项目学习，无论是前者重在设计方案、解决问题，还是后者重在收集数据、提出问题，都注重了让学生面对真实世界中的任务和问题，用较长时间课内、课外自主探索，合作交流，提出问题并解决问题，学习的过程具有开放性、综合性、生成性、答案的多样性等。这样的学习虽然很难通过考试特别是纸笔测试来评价，但着实激发了学生主动探索的兴趣，使学生综合运用所学知识与方法解决实际问题的能力得以提升。

三、精心设计问题情境，融入思想品德内容，彰显学科课程育人功能

为使学校努力形成全员育人、全程育人、全方位育人的德育工作格局，2017年，教育部颁发了《中小学德育工作指南》（以下简称《指南》）。《指南》明确指出，要对学生进行理想信念、社会主义核心价值观、中华优秀传统文化、生态文明和心理健康教育，使学生形成积极健康的人格和良好的品质，促进学生核心素养提升和全面发展，为学生一生成长奠定坚实的思想基础。《指南》还强调，将中小学德育内容细化落实到各学科课程的学习目标之中，融入渗透到教育教学全过程。

四年级学生具有一定的认知能力，思维也比较活跃，愿意质疑、辨析，愿意接触新鲜事物，是形成正确的人生观、世界观和价值观的重要奠基时期。因此，四年级教材注重充分挖掘数学课程蕴含的德育资源，将德育有机地融入学科教学的全过程中。除了充分体现数学学科独有的培养学生理性思维能力和科学态度外，更重视通过创设问题情境，将数学与外部世界联系起来，通过研究数量关系与空间形式，向学生渗透思想品德教育。

四年级教材在关注情境的真实、有趣、富有挑战性的同时，根据四年级学生的特点，更关注对社会生活、科技进步、传统文化等内容的挖掘，并以此为背景材料，精心设计承载数学内容、根植数学问题的情境。教学中，在让学生读懂情境中信息的基础上，发现数学问题，经历知识发生发展过程，引导学生观察、操作、推理，在解决问题的过程中，融数学学习与思想品德的熏陶为一体。例如，四年级上册"认识更大的数"单元，选取了伟大祖国六十周年庆典、第五次全国人口普查和国土面积、上海世博会、北京故宫、国家图书馆、园林绿化、市容环境卫生等素材，让学生在大数认识的学习中，通过翔实的数据，感受祖国的伟大、

发展和进步；再如，四年级下册，结合小数意义和加减法的学习，呈现了北京地铁 10 号线、"神舟"九号载人飞船、奥林匹克运动会等素材中的相关数据，在认识概念和探索计算方法的过程中，真实的数据同时让学生感知中国速度与中国力量，增强学生的家国情怀。

总之，数学不仅有用、有趣、好玩，数学也是博大的，数与形的研究贯穿古今中外。数学学习不仅要让学生增长知识，还要让学生在增长知识的同时增长见识，在增长见识的同时思想受到熏陶，情感得到升华。数学学科落实思想品德教育更真实、具体、客观，知情达理，更具有说服力，使思想品德教育落到实处，已成为教材编写者追求的目标。

附：四年级以创设问题情境渗透德育的教学内容一览表

德育内容	素材内容	教学内容	对应知识点
加深文化底蕴	从结绳计数说起，了解数学计数符号发展历程；了解《九章算术》等中国传统的数学重要著作，增强文化认同。	从结绳计数说起。	认识自然数
		"你知道吗"介绍中国古代对正、负数的记载。	认识正负数
		"你知道吗"介绍中国古代对"微数"的记载。	认识小数
		"你知道吗"介绍中国古代对方程思想的记载。	认识方程
感受中国力量	从祖国强大、科技进步等方面，感受中国力量，增强国家认同。	国庆阅兵仪式的相关数据。	近似数
		我国发射的第一颗人造地球卫星。	三位数乘两位数
		2011 年开始电话或网络预约挂号。	乘法练习
		北京地铁 10 号线列车的最高运行速度。	小数意义
		"神舟"九号载人飞船数据。	小数乘法练习
传承红色基因	从数学的角度深入了解革命前辈，崇尚英雄，增强制度认同。	部分红军老爷爷长征时(1934 年)的年龄情况。	统计分析练习，运用统计知识，计算平均年龄

德育内容	素材内容	教学内容	对应知识点
激发爱国情怀	树立榜样，志存高远，同时激励学生积极参加体育锻炼。	我国运动员在奥林匹克运动会上参加的项目和相关数据。	小数计算、观察物体、逻辑推理等
		我国运动员在残奥会上参加的项目和相关数据。	小数加减法练习
共建生态文明	从数学的角度进一步理解习近平总书记反复提倡的生态文明思想，增强尊重自然、顺应自然、保护自然和绿色发展、循环发展、低碳发展的意识。	推测没拧紧的水龙头一年浪费水的数量。	综合实践活动：滴水实验
		回收废纸与生产再生纸质量间的关系。	小数乘法练习
		每平方米草坪每天吸收二氧化碳的数据。	解决问题练习
		城镇生活污水排放总量、工业粉尘排放总量变化情况统计图。	数据表示与分析练习
营造和谐友善	渗透文明、和谐、友善等社会主义核心价值观的教育。	新年给亲戚朋友亲手制作贺卡。	运用分配律的知识解决问题
		帮助同伴加固凳子。	三角形稳定性练习
		为残疾人轮椅通行设计坡道。	小数乘法解决问题

充满生命力的数学课程

——新世纪(北师大版)小学数学五年级教材编写特色

河南省第二实验中学(小学部) 位惠女

五年级学生的思维水平处于由具体到抽象过渡的过程，自我意识增强，好讲理，喜欢用批判的眼光看待其他事物，有一定的证据意识。为此，在延续整套教材编写特点的基础上，五年级教材在凸显思维过程和解决问题策略多样性的同时，注重发展学生的推理能力，促进数学理解。

一、鼓励学生有条理地思考并讲清道理，体现理性思维的育人价值

数学学习重在探索知识来龙去脉的过程中，理解蕴含的道理，灵活运用所学知识解决实际问题，感受数学的理性之美。

一是溯本求源，体悟知识产生之理。对关键的定义和概念，教材在设计时，避免只是简单的让学生进行识记，而是注重结合学生的学习基础，为其创设理解问题的"场"，提供学生思维发展的过程，鼓励学生充分感知、经历并探索知识产生的过程，从而理解其本质。

例如，在学习"长方体的体积"时，教材设计了层层递进的问题，让学生经历猜想、操作、实验、验证的过程。

首先，教材安排了长方体体积与长方形面积的类比(如图1)，引导学生分别体会"宽、高不变，长变小了，体积变小了""长、高不变，宽变小了、体积变小了""长、宽不变，高变小了，体积变小了"，在比较中，感知长方体的体积与它的长、宽、高都有关系，为后续探索长方体体积的计算方法埋下伏笔。

图1

其次，教材安排了摆长方体的活动(如图 2)，通过用小正方体摆长方体的活动，探索长方体体积的计算方法。在这个过程中，鼓励学生经历"猜想—验证"的过程，在观察、分析记录的数据中，发现长方体体积与长、宽、高的关系，得到长方体体积计算公式的猜想：长方体的体积＝长×宽×高。在验证的过程中，注重让学生体会长方体的体积就是单位体积的个数，也就是底层所摆的单位正方体的个数与层数的积，其中层数可以理解为高所含的单位长度的个数，由此可得到长方体体积的计算公式，并引入字母进行表示。

● 猜一猜，长方体的体积与长、宽、高有什么关系？用一些相同的小正方体(棱长为 1 cm)摆出 3 个不同的长方体，记录它们的长、宽、高，完成下表，验证你的猜想。

	长/cm	宽/cm	高/cm	小正方体数量/个	体积/cm³
第 1 个长方体					
第 2 个长方体					
第 3 个长方体					

$$
\begin{aligned}
\text{长方体的体积} &= \text{长} \times \text{宽} \times \text{高} \\
V \quad\; &= a \times b \times h \\
&= abh
\end{aligned}
$$

图 2

最后，教材鼓励学生借助正方体与长方体的关系，通过推理得出正方体的体积公式。可以说，这样的学习经历，不仅仅是得到结果，更为重要的是在经历长方体、正方体体积计算方法来龙去脉的过程中，明晰了其中的道理，感悟了数学基本思想，积累了数学活动经验。

二是在尝试说服他人的过程中寻找证据。如何让学生在获得知识的同时，能形成尊重证据的科学态度呢？教材在这方面下足了功夫，努力创设基于学生基础的"问题场"，鼓励学生利用证据处理已知和未知领域间的关系，在探索知识的过程中，能借助证据进行验证、解释与说明，培养严谨的科学态度。

例如，在学习"平行四边形的面积"时，在学生初步猜想如何求平行四边形的面积后，教材设计了两个环节，鼓励学生探索并经历把平行四边形转化成长方形，从而获得平行四边形面积计算公式的过程，从中获得成功探索问题的体验。

首先是借助方格纸验证猜想是否正确(如图 3)。教材借助方格纸，呈现了学生猜想时可能出现的思路，鼓励学生借助证据说明平行四边形的面积用邻边相乘来计算是不正确的，从而启发学生思考需要寻找另外的思路解决问题。

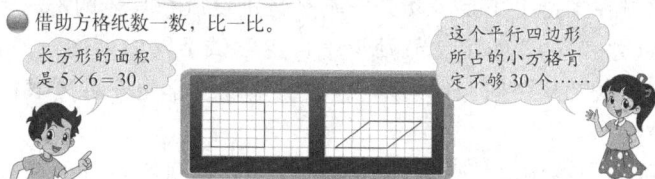

图 3

　　其次是运用割补法把平行四边形转化为长方形（如图 4）。教材设计了促进学生思考的问题：“你能把平行四边形转化成长方形吗？”鼓励学生要想办法将平行四边形的面积计算转化为长方形的面积计算，从中体会转化的思想，并思考拼成的长方形与原来的平行四边形的面积有什么关系。同时，在讨论与交流转化前后图形间的联系时，学会有理有据地表达自己的观点，培养证据意识。

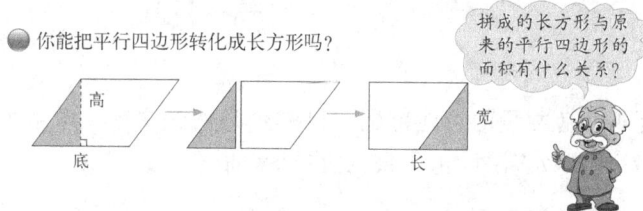

图 4

　　我们希望借助教材这个媒介，使学生在与教师、同伴一起学习的过程中，能养成猜想有根，说理有据，有条理地表达的习惯，因为这是发展学生科学精神的重要源泉。

二、鼓励学生自主解决问题，体会解决问题策略的多样性

　　注重激发思维，体现解决问题策略的多样性，是本套教材的一大特色。五年级教材则突出了在丰富的情境中鼓励学生自主寻求策略。

　　例如，本套教材率先开发了通过列表尝试解决“鸡兔同笼”这一问题，为何借助列表法解决“鸡兔同笼”的问题呢？我们分析了比较有代表性的教材的处理方式，进行了学生调研，发现从学生的角度看，列表法来得自然，大多数学生都能接受，反而比画图法、假设法、列方程法更容易理解。同时，从数学的角度看，列表法能广泛迁移，更具生长性，超越了所谓“术”的范畴，更具普适性，是一种通性通法。对于小学生来说，列表是一个重要的解决问题的策略，是探索“鸡兔同笼”这类问题的一种有效途径。列表一方面可以帮助整理信息，进行推理；另一方面有助于分析两个量之间的关系，找到规律。

为此，教材在编排上下足了功夫，不是将重点放在具体的解题上，而是放在解决问题策略(列表)的学习上，鼓励学生自主尝试不同的列举策略，如"逐一列举""列举中有跳跃""从中间开始列举"。教材呈现了学生三种列表的方法，寻找解决问题的策略。

(1)常规的逐一举例法。学生可以通过逐一列举所有可能的情况，加以分析后获得结果(如图5)。

● 《孙子算经》中的原题是："今有鸡兔同笼，上有三十五头，下有九十四足，问鸡兔各几何？"读一读，你知道这道题的意思吗？你能解决这个问题吗？

还从有1只鸡开始一个一个地试……

鸡有几只	兔有几只	腿有多少条
1	34	138 ×
2	33	136 ×
3	32	134 ×
4	31	132 ×
…	…	…
23	12	94 √

图 5

(2)先估计鸡和兔数量的可能范围，以减少举例的次数。学生可以在分析中加以调整，如发现腿数多了，兔子数就应减少(如图6)。

鸡有几只	兔有几只	腿有多少条
1	34	138 ×
10	25	120 ×
20	15	100 ×
25	10	90 ×
24	11	92 ×
23	12	94 √

……这么多腿，一定是兔子太多了。
……腿还多，兔子数应减少。
……差不多了，再调一点儿。
……腿数比94少了，兔子数应该在10和15之间。

我是这么做的。

图 6

(3)采用取中列举的方法。学生还可以从一半开始试算(假设有一半是兔，如图7)，从而获得结论。

我先假设鸡和兔的只数差不多……

鸡有几只	兔有几只	腿有多少条
17	18	106 ×
20	15	100 ×
22	13	96 ×
23	12	94 √

图 7

我们希望学生在调整的过程中，能体会到列表这一解决问题策略的价值，经历建立假设、检验假设的过程，了解蕴含在问题情境中的规律，学会思考问题的方法，培养数感和估计能力，感受到数学的"好玩"。

又如，作为"多边形的面积"单元起始课的"比较图形的面积"这一内容（如图8），为了帮助学生积累比较图形面积的经验，引出了数方格的直观方法，让学生初步体会图形在割补、翻转、平移等变化中面积守恒，为探索求图形面积的方法积累思维经验，并从中体验图形形状变化与面积大小变化的关系，这样设计不仅有利于发展学生的空间观念，也激发了学生运用数方格、重叠、割补、拼接等各种策略去解决问题，这一内容也是本套教材编写中的一个突出特点。

🔵 找出两个面积相等的图形，与同伴说一说你是怎样找到的。

图⑤和图⑥面积相等，我是通过……

我把图①平移到图③，两个图形重合，所以……

🔵 笑笑的发现你同意吗？想一想，拼一拼。

图⑤和图⑥合起来与图⑧面积相等。

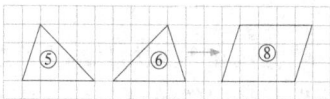

🔵 淘气还有一个新的发现，想一想，做一做。

图⑨和图⑩面积相等。

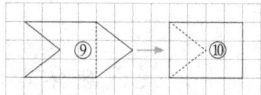

像这样的分割、移补后，图形的面积没有改变。这就是数学上的"出入相补"原理。

图8

再如，在学习"异分母分数加减法"时，教材鼓励学生借助直观理解算理。教材创设了"折纸"这一情境（如图9），通过折纸活动，借助分数的面积模型，体会异分母分数相加$\left(\frac{1}{2}+\frac{1}{4}\right)$的意义和过程，根据涂色部分占这张纸的$\frac{3}{4}$，从而获得结果，目的是帮助学生理解计算异分母加减法的道理。需要说明的是，以$\left(\frac{1}{2}+\frac{1}{4}\right)$为例引入异分母分数加减法，是考虑到这两个异分母分数中，$\frac{1}{2}$是分母最小的真分数，分母4是分母2的2倍，计算较为简单，这样有利于学生将注意力放在算理的理解及方法的探索上。

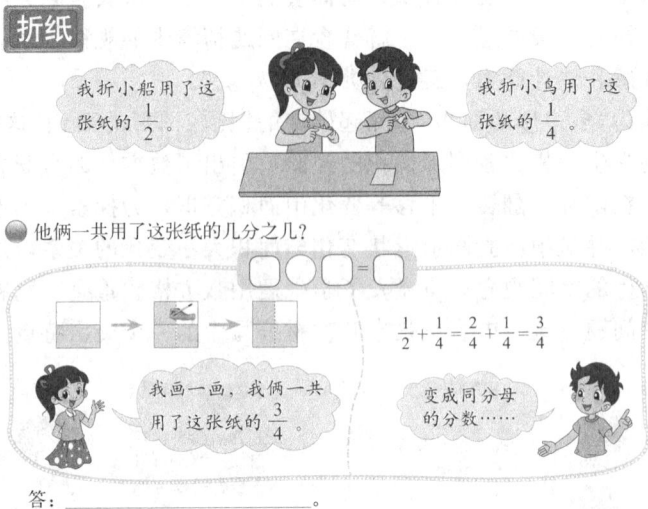

图 9

不仅如此，教材还在不少方面体现了这一编写特色，如在"用方程解决问题"时，尝试画图分析题目中的数量关系，从而找到等量关系；在研究"图形中的规律"时，了解从特例开始寻找规律的策略，这些策略有的侧重发展数学思考能力，有的侧重为后续学习奠基，在展现个体独特思考的过程中，为发展学生的创新意识提供有力保障。

三、重视多角度探索、多元表示，促进数学理解

数学教学不是把现成的结论教给学生，而是要鼓励学生自主寻找知识产生的起因，在探索中形成概念、寻求规律、获得结论。特别是对重要概念的理解，需要设计系列活动展现它的意义和表征的丰富性，鼓励学生多角度探索，多元表示。

1. 借助丰富的现实背景素材，运用直观模型，加深对分数意义的理解

分数意义的学习是五年级的重点，也是小学数学中公认的难点。教材创造性地设计了 6 节课，从部分与整体的关系、两个量之间的关系、分数单位的累加、分数与除法的联系等，不断激发学生对于分数意义的丰富认识。

例如，对分数意义的理解，教材结合具体情境，在操作活动中，有层次地丰富学生对分数意义的理解。其中"分数的再认识（一）"是通过实例概括出分数表示整体与部分之间关系的意义，进一步理解分数表示多少的相对性。"分数的再认识（二）"是结合度量长度的实际情境，丰富对分数的认识，并借助"分数墙"认识

分数单位(如图 10);直观感受这些分数单位都是比 1 更小的计数单位,体会任何分数都可以看成是以分数单位为计数单位进行数数的结果。

● 下面是一个"分数墙",填一填,想一想,你发现了什么?

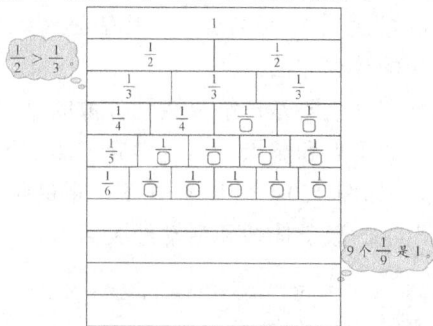

● 认一认。

像 $\frac{1}{2}$,$\frac{1}{3}$,$\frac{1}{4}$,$\frac{1}{5}$,$\frac{1}{6}$,…这样的分数叫作分数单位。

图 10

再如,教材在编排"分数与除法"的内容时,鼓励学生结合平均分物活动,沟通运算和操作,探索和发现分数与除法的关系。在此过程中,沟通除法算式和平均分的结果,可以用分数表示除法算式的商,解决了整数除法中不能除(如 $3 \div 8$)的问题,从而发现分数与除法的关系,即 $a \div b = \frac{a}{b}(b \neq 0)$。同时,在"分数与除法"的"试一试"中,还增加了借助分数表示两个量的比较意义(如图 11),借助几何直观,进一步沟通分数与除法的关系,解决相关的实际问题。

试一试

● 蓝纸条的长是红纸条的几分之几?淘气的想法如下,你能看懂吗?

用蓝纸条去量红纸条,正好量了 3 次,蓝纸条的长是红纸条的 $\frac{1}{3}$。

这个问题可以直接用除法计算,$1 \div 3 = \frac{1}{3}$。

图 11

最后,教材对"分数基本性质"的处理,也别具一格。以往的教材都是通过商不变的规律抽象地认识分数的基本性质,学生接受起来有一定困难。对此,本教材注重结合观察直观图和画图等活动,鼓励学生从直观角度,主动进行观察和发现,在讨论交流的基础上认识分数基本性质,从而掌握求任何一个分数的等值分数的计算方法。

2. 结合操作活动和面积模型，探索并理解分数乘、除法的意义和计算方法，丰富数学体验和思维经验

教材在分数乘、除法的设计中，借助丰富的问题情境，注重实践操作和多种直观模型的运用，鼓励学生在自主探索、多元表达中，理解分数乘、除法的意义，获得分数乘、除法的计算方法。

例如，"分数乘法（三）"主要是理解分数乘分数的意义，探索分数乘分数的计算方法，是分数乘法中的重点和难点，学生学起来比较困难。教材用分数乘法诠释我国古代的哲学道理（如图 12），借助直观图，帮助学生理解分数乘分数的意义及计算方法，丰富学生的数学体验和活动经验。

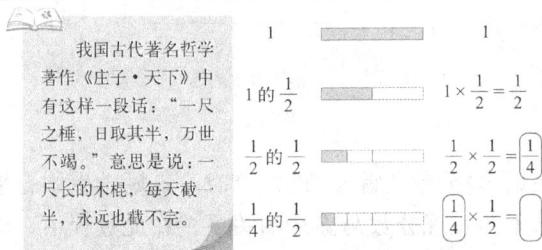

图 12

再如，"分数除法（二）"是进一步理解分数除法的意义，探索一般的分数除法的计算方法（除数是分数的除法），是分数除法中的重点和难点。为此，教材在编写中依然利用直观模型帮助学生学习这部分知识。教材设计的第一个问题是结合分饼的活动，借助分数的面积模型探索一个数除以一个不为零的数（除数是非零整数和分数两种情形）的计算方法。接着，教材又借助长方形的面积模型（如图13），不遗余力地促进学生进一步理解分数除法的计算方法，强化学生对一般的分数除法算理的理解。

● 淘气利用长方形的面积解释"除以一个不为零的数，等于乘这个数的倒数"，你能看懂吗？想一想，接着填下去。

图形	面积	宽	长	算式
	1	$\frac{1}{3}$	（ 3 ）	$1 \div \frac{1}{3} = 3$
	2	$\frac{1}{3}$	（2×3）	$2 \div \frac{1}{3} = 2 \times 3$
	3	$\frac{1}{3}$	（ ）	
	4	$\frac{1}{3}$	（ ）	

图 13

3. 将教学难点分散安排，注重探究的层次性，促进算理理解

在"小数除法"的学习中，教材从学生原有的认知经验出发，顺应学生的思维特点给予合理的指导，分散教学难点，探索分析、解决问题的多种方法，并注重探究的层次性。

首先，教材利用元、角、分之间的关系和学生的生活经验，鼓励学生自主解决除数是整数的小数除法，从中体会到小数除法与整数乘法类似，只要商的小数点与被除数的小数点对齐即可。在此基础上，鼓励学生多角度探索除数是小数的小数除法的计算方法，如利用元、角、分之间的关系、商不变的规律、直观图等方法，明确把除数是小数的除法转化为除数是整数的除法即可，从中体会将没有学过的知识转化为已经学过的知识的思想，促进学生的数学理解。

其次，教材采取分散教学难点的编排方式，减轻学生的学习负担。在学习除数是整数的小数除法中，先解决除到被除数末尾无余数，商不需要补0的情况；然后解决除到被除数末尾有余数，需要添0继续除或商需要补0的情况。

再次，教材顺应学生的思维特点给予合理的指导，帮助学生逐步突破小数除法计算的难点。如在"打扫卫生"一课，解决"26÷4"这个问题时，教材借助学生作品，解决了余数2除以4怎样算下去，为什么可以算下去的问题（如图14），帮助学生在理解算理的同时，掌握了计算方法。

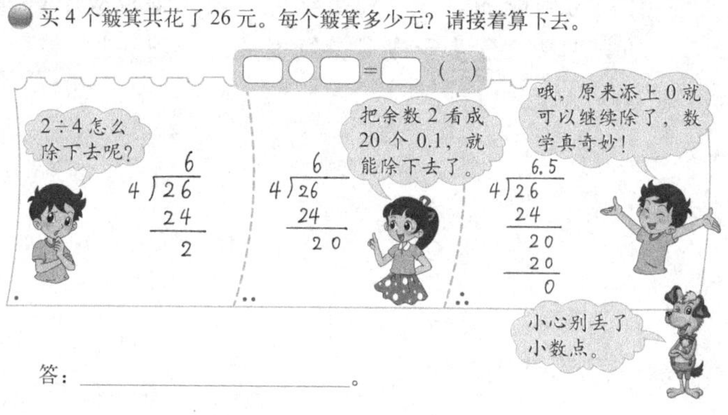

图 14

最后，教材组织学生对一些关键性的问题进行讨论，如"商的整数部分不够商'1'时，该怎么办"。同时，练习中还匹配了一些理解算理的题目，帮助学生掌握算法。可以说，教材在学生理解算理上下的笔墨，对学生掌握算法也是一种促进，因为算理通了，算法也就好掌握了。

此外，教材注重探究的层次性。如在学习"循环小数"时，教材结合"小动物爬行速度"的情境，设计了4个层层递进的问题。一是通过用竖式计算蜘蛛和蜗牛每分爬行的路程，感知有除不尽的情况；二是尝试发现当除不尽时，余数和商是如何变化的；三是认识循环小数及如何利用"四舍五入"法取循环小数的近似值；四是进一步巩固什么是循环小数。层层递进的问题，有利于学生展开探索与学习过程。

需要注意的是，小数除法的确是学生学习中的一个难点，面对学生出现的一些问题，教师要有耐心，留给学生一些时间和空间，逐步掌握小数除法的计算方法。

除此之外，教材还强调创设宽松和谐的学习氛围，关注学生情感、态度的发展，渗透德育教育，如创设喜闻乐见的"摸球游戏"活动，初步感受数据的随机性，并在不确定的基础上体会规律性；利用正文或"你知道吗"等栏目，结合一定的素材反映数学的历史、应用和发展趋势，感受数学的魅力。同时，教材注重渗透中华优秀传统文化，了解数学知识和方法的发展历程，彰显数学文化，并借助"象征性长跑"这个专题，在关注"从头到尾"思考问题的基础上，有机渗透体育锻炼的重要性，发挥德育育人功能。

总之，充满生命力的数学课程，在于有好的活动或情境，能启发学生的思维，激活学生的经验，设置各种活动引导学生观察、操作、表达与思考，为学生提供自主探索和交流的机会，鼓励学生多元表达自己的想法，关注数学文化的渗透，强调"从头到尾"思考问题的过程，注重学生创新意识及应用意识的培养。鼓励学生学会学习、学会思考，逐步形成可持续发展的学习力！

滋养理性 彰显学科育人价值
——新世纪(北师大版)小学数学六年级教材编写特色

天津市河西区教师发展中心　朱育红
浙江省嘉兴市南湖区教育研究培训中心　朱德江

六年级是学生在小学阶段的最后一个学年，六年级学生的自主性、抽象思维能力进一步增强。为此，教材进一步放大自主学习的空间，引导学生有结构、有联系地思考，促进理解与迁移，完善学生的认知结构，提升学习能力，促进中小学有效衔接。

一、整体设计促进学习有序进阶，实现理解与迁移

注重设计挑战性问题，促使学生通过知识、思想和方法的迁移解决新问题，这是本套教材一以贯之的特点。六年级教材更加注重学生学习的整体设计，关注学生的年龄特点和认知特点，围绕数学思想方法、核心概念以及数学本质系统编排，通过丰富情境、多元表征、鼓励表达等多种方式，促进知识建构有序进阶，实现概念的意义理解与迁移应用。

(一)教材中"圆、圆柱与圆锥"的设计，突出直边到曲边、平面到立体的探索经验的迁移

1. 由具体到抽象的认识活动

教材在认识圆、圆柱和圆锥的设计上，关注学生的认知特点和已有经验，由具体到抽象有序进阶，促成对圆、圆柱和圆锥本质特征的理解与迁移。

"圆的认识(一)"通过观察比较在套圈游戏中站成一排、正方形、圆三种不同方式的公平性问题，体会直线、多边形与圆上的点到某定点距离的不同情况，渗透圆是由到定点的距离等于定长的点组成的图形，初步感受圆的特征。(如图1)

想一想，在套圈游戏中哪种方式更公平？为什么？

图1

然后在探究、体验画圆的过程中，进一步体会圆与其他图形的不同，强化学生对圆的本质特征的认识。

"圆的认识(二)"通过与其他图形对称性的比较，体会圆具有很好的对称性：它是一个轴对称图形，任意一条直径所在的直线都是它的对称轴，圆有无数条对称轴。

"面的旋转"，用"风筝"感受"点的运动形成线"、用"雨刷运动时的情况"感受"线的运动形成面"、用"转门"感受"面的运动形成体"；通过快速旋转小旗，结合空间想象，体会圆柱、圆锥等几何体的形成过程，沟通面与体的联系，发展学生的空间观念。

2. 由具体到抽象的探究过程

教材在圆周长与面积、圆柱表面积、圆柱和圆锥体积的设计上，借助多种探究活动，由具体到抽象有序进阶，促进学生理解数学知识，发展空间观念。

"圆的周长"从数学发展的历史和学生的发展上来说都是难点。教材浓缩了这个过程，启发学生由"正方形周长与边长的倍数关系"类比猜想圆周长与半径之间的关系；通过对不同直径圆的周长的测量数据的分析，发现圆的周长总是直径的 3 倍多一些，突出了由具体(车轮)到抽象(圆的周长与直径的关系)的探究过程。(如图 2)

🔵 圆的周长与什么有关？

圆的周长与直径有关。

正方形的周长是边长的 4 倍。圆的周长与直径也有倍数关系吗？

🔵 找 3 个大小不同的圆片，分别测量出周长和直径，做一做，填一填。

圆的周长	圆的直径	圆的周长除以直径的商（结果保留两位小数）

测量中会有误差。可以多测量几次求平均数。

观察上表，你能发现圆的周长与直径有什么关系吗？

图 2

"圆的面积"计算公式的探索与圆的周长类似：探索圆的面积与圆的半径之间的关系。教材先借助学生已有的经验，用方格纸作为工具进行度量，然后采用分割的方法将圆转化为近似的平行四边形，在无限细分的情况下进而得出圆的面积的计算公式，实现理解与迁移。

"圆柱的表面积"的设计突出了圆柱侧面展开图的探索过程，以及侧面展开图的长、宽与圆柱有关量之间的关系。(如图 3)

○ 圆柱侧面展开图的长和宽与这个圆柱有什么关系？怎样求圆柱的侧面积呢？

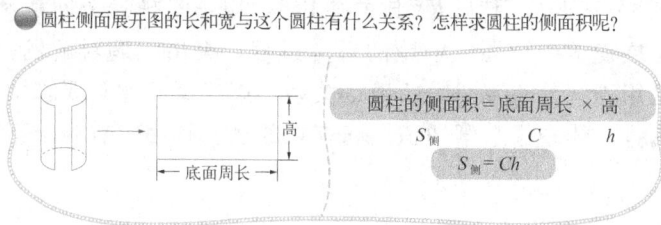

圆柱的侧面积＝底面周长 × 高

$S_{侧}$ $\quad$ C $\quad$ h

$S_{侧} = Ch$

底面周长

高

图 3

"圆柱的体积"，通过圆柱与长方体的"类比"，迁移由圆转化为近似长方形的方法，将圆柱转化为近似长方体，探索圆柱体积计算方法。

(二)教材中"分数、百分数、比的应用"的设计，突出知识关联的探索经验的迁移

1. 遵循领域知识之间的内在关联

《义务教育数学课程标准(2011 年版)》中指出：教材的整体设计要呈现不同数学知识之间的关联。这种关联有的体现在相同的内容领域，如六年级教材中"分数混合运算""百分数""百分数的应用"以及"比的认识"之间有着内在联系，发展学生对除法、分数、百分数和比的认识，丰富学生对现实生活中数量关系的理解和认识，完善认知结构，使学生思维更深刻，也为以后进一步学习比例以及其他有关方面的知识打好基础。这种关联也体现在不同的内容领域，如六年级上册"扇形统计图"，教材以"我国居民平衡膳食宝塔图"为学习材料引入，通过三个问题的探究逐步认识扇形统计图，体会扇形统计图反映的是整体与部分之间的关系，突出百分数的意义，将百分数的认识与扇形统计图的学习紧密关联。

帮助学生理解类似的实质性联系，是数学教学的重要任务。为此，教材在内容的素材选取、问题设计和编排体系等方面也体现了这些实质性联系，展示数学知识的整体性和数学方法的一般性。

2. 遵循现实到数学之间的关联

教材中，"分数混合运算"单元的设计通过"兴趣小组人数""汽车成交量"和"用水情况"三个情境引导学生展开学习，解决"增加几分之几"或"减少几分之几"的有关实际问题。"百分数的应用"单元的设计通过"水结成冰""火车提速""家庭支出"和"储蓄"四个情境引导学生展开学习，解决"增加百分之几"或"减少百分之几"的有关实际问题及与储蓄相关的实际问题。这些素材贴近学生的生活现实、数学现实以及其他学科现实，有利于学生经历从现实情境中抽象出数学知识与方法的过程。

3. 遵循数学知识之间的逻辑顺序

教材在问题设计和编排体系上，采取同构的方式。"分数混合运算"(如图

4)"百分数""百分数的应用"以及"比的应用",均是安排三个问题和"试一试"。第一个问题是展现学生读题、审题的思考过程,突出强调对解题关键的理解;第二个问题是用不同的直观图表示数量关系;第三个问题是要求学生列式解决问题。这样编排,体现了数学知识之间存在的逻辑顺序,有利于帮助学生感悟这种顺序。

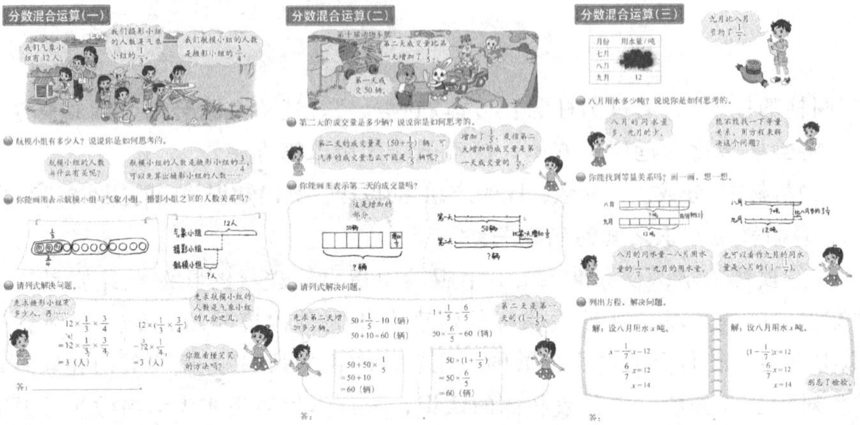

图 4

二、问题引领自主探索,积累数学思考和问题解决的经验

本套教材十分重视学生在从事观察、实验、猜测、推理和反思的活动中,积累活动经验,六年级则更加突出学生积累数学思考和问题解决的经验。

1. 在探索数学概念的过程中,经历知识发生、发展和应用过程,积累经验,服务概念理解

教材的设计放大了学生的思维空间,学习数学概念不是简单的理解,而是要经过自己探索以后来理解;有了数学概念后也不是简单的解决一个问题,而是综合运用所学知识去解决一个真实的数学问题。这样的学习过程在教材中定格为两种形式,一种是在一节课学习的"问题串"中,设计积累活动经验的活动和问题;另一种是设计"专门积累活动经验"的课。六年级教材加重了"专门积累活动经验"课的比重,不仅体现在知识的形成过程,还体现在概念的理解与应用中。

例如,"车轮为什么是圆的"这个问题的设计,引导学生进一步认识圆区别于其他图形的本质特征。不仅让学生在操作、观察与思考中体会各个图形不同的特征及"车轮做成圆形"的道理,同时让学生感受到数学在生活中无处不在,培养学生自觉地用数学的思维方式来观察和解决生活中的实际问题的习惯。(如图5)

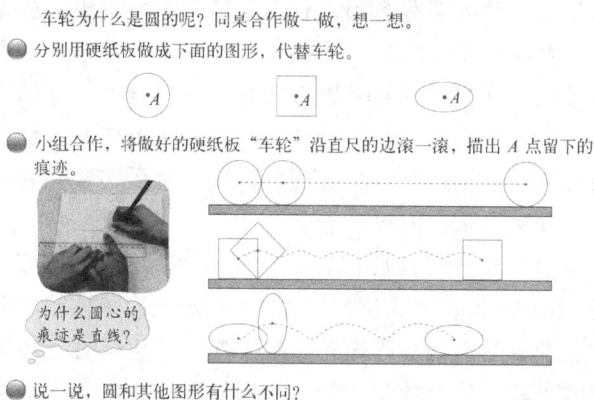

车轮为什么是圆的呢？同桌合作做一做，想一想。

● 分别用硬纸板做成下面的图形，代替车轮。

● 小组合作，将做好的硬纸板"车轮"沿直尺的边滚一滚，描出 A 点留下的痕迹。

为什么圆心的痕迹是直线？

● 说一说，圆和其他图形有什么不同？

图 5

又如，函数是刻画变量之间关系的重要模型，体会函数思想需要丰富的情境，学生需要结合具体的情境感受生活中存在着很多变量，并体会有的变量之间是存在一定关系的。因此，在正式学习正比例、反比例之前，教材首先安排了"变化的量"的内容，通过日常生活中的问题，使学生体会变量与变量之间相互依存的关系，并尝试对这些关系进行大致的描述。同时，在呈现具体情境中变量之间关系时，分别运用了表格、图像等多种方式，使学生对函数的多种表示有丰富的经历、体验。这样的设计，拓宽了学生理解正比例、反比例的知识背景，使学生能较好地在"变量"知识背景中理解正比例和反比例，有助于学生运用运动和变化的观点、集合和对应的思想分析数量关系，初步体会函数思想。在这个过程中，激发数学思考，积累刻画变量关系的经验。

再如，"比"的概念很重要，教材在学习了"比"的意义、"比例"的意义以及有关平面图形知识的基础上，在应用中创设为"巨人"设计教室的情境，根据"巨人"的身高与普通人身高的比是 4∶1，思考如何为"巨人"设计教室、课桌、三角尺等，引导学生运用概念解决问题，并完善对"比""比例"概念的理解。

2. 以挑战性任务驱动探索活动，积累经验，服务实践应用

教材还设计了"反弹高度""绘制校园平面图"等活动，这类活动往往无法简单地运用已知信息直接解决问题，需要经历发现和提出问题、分析和解决问题的全过程，需要学生收集相关材料、对信息进行加工、小组合作交流讨论，从而促进学生不断积累"从头到尾"思考和解决综合性问题的经验。

实践活动"反弹高度"，让学生结合自己喜欢的运动（如篮球、乒乓球等），观察球从高处落地后反弹的现象，从这些自然现象中探索一些数学问题。活动内容是学生熟悉的、司空见惯的现象，但往往容易忽略其中的数学问题，如反弹高度的问题，这样的任务驱动的实践活动，有助于培养学生发现和提出问题、分析和解决问题的能力。教材依据实验研究的过程，引导和启发学生开展实验研究，经历实验研究的全过程，即"从头到尾"思考问题——结合测量球的反弹高度的实践活动，合理选择测量方法，进一步了解分数在实验中的应用，解决现实生活中的测量问题；经历对实验数据进行数学处理的过程，感受实验研究的科学性和数学结论的严谨性，培养实事求是的科学态度。

平面图在生活中有着广泛的应用，教材设计了"绘制校园平面图"的活动任务，学生要运用"图形与位置""比例尺""测量"等知识绘制校园的平面图，包括校园内的主要建筑、主要活动场所等，在活动中提高学生综合运用知识的能力，激发学生学习数学的兴趣，体会数学与生活的密切联系，有效促进学生数学素养的综合发展。

三、任务驱动自主梳理，促进知识结构化和反思能力提升

本套教材率先引入任务驱动模式，系统设计期中、期末和学段整理与复习，学生在有意义的情境中自主梳理、寻找知识间的内在联系。改变传统的知识罗列和反复操练，精心设计反思性问题作为任务，驱动学生不断体会如何整理与复习，如何实现系统化、结构化。

经过五年的学习，学生有了一定的整理知识的方法和习惯，有能力自己整理学过的内容。例如，六年级上册"总复习"在"数与代数"领域的"回顾与交流"中（如图6），结合一些提示性的问题，引导学生独立自主地对这个学期学习的"数与代数"主要内容进行系统回顾和整理，沟通知识之间的内在联系，形成完整的知识框架，并在相互学习、相互启发中，加深对知识的理解与掌握。

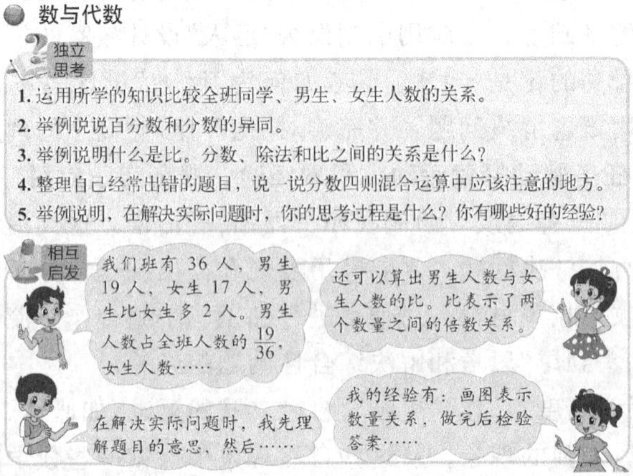

图6

六年级下册的"总复习"，是对小学阶段所学数学知识的整体梳理与回顾，"总复习"分领域、分专题编排，重视沟通知识间的联系，既有以问题驱动学生回顾梳理相关知识，又有针对性的"巩固与应用"，这样的编写方式利学利教，这也是本册教材编排的一个特色。如关于"图形的认识"的"回顾与交流"中（如图 7），首先呈现两个问题，第一个问题引导学生用"图式"梳理图形之间的关系，实现"结构化"；第二个问题引导学生梳理沟通立体图形与平面图形之间的联系，教材鼓励学生通过分类梳理小学阶段所有图形的特征及其关系，引导学生围绕"空间观念"，反思立体图形与平面图形联系的不同维度。这些问题，一方面起到提纲挈领的作用，以问题或活动把每一个领域、每一个专题的主要内容加以呈现，便于教师和学生把握住每一个专题的核心内容，也便于学生的学和教师的教；另一方面起到任务驱动的作用，以问题或活动驱动学生回顾整理知识，把以前分散学习的知识进行系统整理，沟通知识之间的联系，同时注重学习方法的渗透，体现学科育人的功能。在"巩固与应用"部分，练习的设计既注意基本知识和基本技能，又注意知识的综合应用与适当提升，引导学生综合运用学过的数学知识和方法解释生活中的现象、解决简单实际问题，增强解决问题的策略意识和反思意

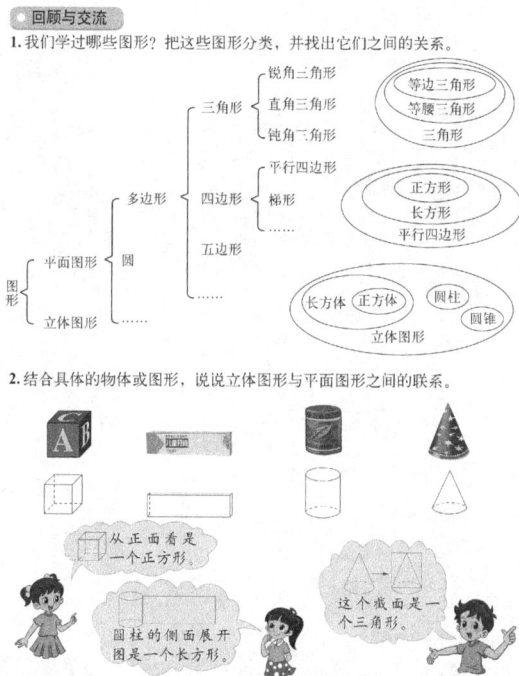

图 7

识。例如，在"统计与概率"的练习设计中，增加了一些引导学生运用数据分析问题的练习，强化学生的数学思考，发展数据分析观念。

数学学科的育人价值日益凸显，小学数学作为一门具有教育任务的学科，小学数学教材的功能不仅仅是单纯地传递"学什么"，还承载着表现"怎么学"的任务，应该在滋养学生的理性精神等方面发挥重要的作用。教材紧紧围绕落实立德树人根本任务，用心打造培根铸魂、启智增慧的精品教材。让教师有更多的时间和空间去关注学生是怎么思考问题的，倾听学生的想法，带领学生研究数学、讨论数学，经历数学知识的发生发展过程，享受师生共同思考数学的乐趣。

第三篇　年度话题

【导语】

2020 年是不平凡的一年，新冠疫情使在线教育成了一道必选题。在举国上下师生居家的大背景下，"停课不停学"使微课——确切地说是微课 3.0 的衍生成为必然。为了达到新的要求，微课 3.0 制作团队反复研读微课制作手册、学习典型案例，他们修改脚本，同伴互助，孩子帮忙，家人支持，不仅克服了外在条件的诸多限制，更是以向上、求知、更新自我的成长思维，一次次地虚心接受建议，一次次为了精益求精而把制作好的微课推倒重来。微课 3.0 是由每一位微课 3.0 团队的教师一点一滴、一分一秒、一课一单元地慢慢打磨出来的！

随着新冠疫情逐步得到控制，学生开始回归校园，线下教育渐渐恢复，在很多人看来，在线教育似乎正在关闭。但随着网络技术不断发展，新世纪小学数学人已经开始关注线上与线下教育的相互融合，一种顺应时代发展趋势的新型教学方式——"混合式学习"正悄然绽放。"混合式学习"是一种新兴的学习方式，它把传统学习方式和网络学习的优势结合起来，既发挥了教师引导、启发、监控教学过程的主导作用，又充分体现了学生作为学习过程中的主体的主动性、积极性与创造性。

"新世纪小学数学第十五届基地教学设计与课堂展示活动"和"新世纪小学数学第二届全国名师工作室教学设计与课堂展示活动"，都将活动主题定位在"混合式学习"的研究与探索中。我们继续借助微课 3.0 的东风，将线上教育的可重复性与线下教育的超强互动性的优势互补，用线上教育打破学习时间和空间的局限，促进线下教育更加多元化地开展，从而让学生获得最佳的学习效果。

来自全国不同基地和不同名师工作室的成员，用一个个不眠之夜谱写了"混合式学习"的壮美华章。一群人在打磨中前行，在前行中探索，在探索中收获，又在收获后再次前行……他们的台前幕后凝聚着每一个人、每一个团队、每一方水土的汗水和智慧。

"增删打磨多苦辛，殚精竭虑报君心。"这组文章是微课 3.0 背后的故事，是"混合式学习"开启的故事，是我们的拳拳之心，也是我们的殷殷之情！

聚行　变术　走"芯"

——四年级下册"探索与发现：三角形内角和"一课的教学设计与答辩思考①

四川省成都市泡桐树小学　　李　丽
四川省成都市同辉国际学校　　颜　欢
四川省成都市成飞小学　　周自华
四川省成都市电子科技大学附属小学　　郑东俊

2020 年 12 月 25 日，为期四个月的"新世纪小学数学第二届全国名师工作室教学设计与课堂展示活动"圆满结束。在新世纪小学数学成都工作室负责人谢定兰老师带领下，由我们四位核心成员(李丽、颜欢、周自华、郑东俊)组队，聚焦"混合式学习"，潜心研究，历经高质量的论坛和激烈的网络辩课，勇夺此次大赛全国一等奖桂冠。

行动一：聚行

时光卷轴，拾起光阴，点滴珍藏。2020 年，注定是不平凡的一年。新冠疫情突袭，传统教学模式被打乱，线上学习模式应运而生。新世纪小学数学微课 3.0 犹如春天的风，吹进了我们线上学习的课堂。微课，渐渐改变着我们的课堂生态；大赛，让我们的课堂成长步入快车道。

在谢定兰老师的指导下，我们选定了四年级下册"探索与发现：三角形内角和"一课作为研究内容，希望借助学生已有的生活经验和学习经验，把操作与观察、推理、想象相结合，适时引用微课 3.0，整合线上、线下学习资源，既为空间观念的形成搭起支架，又构建出"混合式学习"课堂教学新样态。

行动二：变术

术一：前测，聚焦学情

为了准确掌握学生对于"三角形内角和"的知识储备情况，让教学设计更好地

---

① 本文指导老师：新世纪小学数学成都工作室负责人、数学特级教师谢定兰。

满足学生的实际学习需求，我们首先对两个班 82 名学生进行了如下内容的"课前小调查"。

1. 你听说过三角形的内角和吗？你的理解是……（可以画图或文字描述）三角形内角和是多少度呢？

2. 关于三角形内角和，你有什么想了解的吗？

对前测反馈情况进行分析，我们发现一半以上的学生对三角形内角和是 180°已经知悉，甚至有部分学生对三角形内角和已经有了正确的数学理解。（如表 1）

表 1 "课前小调查"统计结果

(1)你听说过三角形的内角和吗？	人数	占比/%
听过	46	56
没听过	36	44

(2)对三角形内角和的理解。		人数	占比/%	
三角形的内角和是里面的角		11	13	
三角形的内角和是里面角的度数和	度数和（文字表达）	17	21	
		22	27	58
		8	10	
未回答/不理解		24	29	

(3)三角形内角和是多少度？	人数	占比/%
60°	2	2
90°	3	4
180°	49	60
360°	2	2
未回答/不理解	26	32

*(4)关于三角形内角和，你有什么想了解的吗？

	人数	占比/%
内角和是什么？	23	28
内角和是怎么产生的？	1	1
有外角吗？有外角和吗？	4	5
内角和有多大？	13	16
怎么算内角和？	2	2
三角形内角和都是180°吗？	16	20
三角形内角和为什么是180°？	9	11
三角形内角和有什么用？	2	2
其他（与问题无关的回答）	12	15

但是，我们也发现学生在解决问题时，习惯先测量求和，再撕拼、折拼，只有极少部分学生运用推理来帮助解决问题，说明我们到推理还有一大段路要走。基于此，我们确立了三角形的内角和为什么是180°为这节课的核心内容。

术二：磨课，聚焦课堂

以学情为底，以教材为纲，经过前期研讨，2020年10月14日，颜欢老师进行了第一次试讲。整节课思路如下。

（1）激趣引入：以问题为引子，在计算不同图形未知角度的过程中，激发学生探究三角形内角和的兴趣。

（2）探究明理：以多元思维理念，引导学生通过动手操作求解，通过观看微课解惑。

（3）课堂练习：巩固运用三角形内角和知识。

课后，我们发现以问题为导向的引入很平淡，而微课3.0中的引入是动画情境，既富有童趣，又恰如其分地设置了知识疑点，值得借鉴。作为探究的主环节，在测量求和的过程中，学生产生的误差较大、耗时较多，导致学生对测量法产生误解，认为方法不好；撕拼、折拼过得较快，看似熟悉的折和拼的方法，一部分学生竟然无从下手，虽然微课展示了折、拼的过程，但仍有不少学生不知道到底该怎么折和拼。所以，我们调整思路如下。

（1）激趣引入：微课情境引入，引发认知冲突。

（2）探究明理：先让学生寻找各种三角形素材，动手量角求和，并观看微课，体验计算机技术对测量准确性的帮助，从"数"的角度去探索；再充分利用小组合作，给予充裕的时间让学生动手撕拼、折拼，从"形"的角度去探索。

（3）课堂练习：重实践，强化思维，灵活运用固本质。

2020 年 10 月 21 日，颜欢老师进行了第二次试讲。颜欢老师采用微课 3.0 创设的情境引入，将三角形拟人化，创设生动的生活情境，非常自然地将学生带入课堂教学当中。学生通过观看微课 3.0 中三角形家族关于内角和大小的争论，创设一种氛围，让学生在已有的知识结构中自然而然地产生知识的冲突，引发学生质疑：三角形的内角和是多少呢？为什么是 180°？让他们内心产生学习知识的需求，从而激发了学生探究的兴趣，然后驱使他们进一步去解决问题。测量求和时，学生通过观看微课 3.0，发现计算机技术可以很好地解决误差这个问题，并科学验证了三角形内角和为 180°，更让学生在懂得"实验科学性"的同时也体会了"思维的严谨性"。但是，在学生操作验证时我们发现了一些问题：无论是学生的汇报展示，还是微课展示，仅仅停留于如何拼成平角，拼中隐藏的数学内涵模糊不清，不利于数学思维的养成。于是，来自不同学校的我们又开始了密集的线上研讨：信息素养最强的郑东俊老师作为召集人，每天早早地申请好腾讯会议室；经验最丰富的周自华老师，把过程中最难的问题留给自己，通过查找资料、思考研究，然后提出自己的见解；谢定兰老师参与我们的研讨全过程，困惑时送来的点睛之笔，瞬间让我们豁然开朗，理越析越清，课越辩越明。在课中，我们主张通过大量操作，探究三角形内角和为什么是 180°，同时也要关注如何针对本课知识内容揭示出其中蕴含的数学思想，并以此带动具体知识内容的教学。

2020 年 10 月 28 日，颜欢老师进行了第三次试讲。这次试讲一气呵成，大家悬着的心终于落下，同时进一步落实了教学设计的所有细节。

术三：整理，交流分享

2020 年 11 月，我们经历了线下试讲、线上讨论和修订，最终对"探索与发现：三角形内角和"有了更清晰的认识，颜欢老师顺利完成了录课。接着，颜欢老师着手整理磨课资料，包括课前课后小调查、研究过程花絮、研究过程中的困惑与思考、教学设计稿、课堂实录、微课片段、活动综述、论坛回帖等内容，并将所有资料上传论坛，与同行们分享。最终，课例得到老师们的一致好评。（如图 1）

新世纪小学数学论坛 › 展示大赛-2020

【2020秋】成都工作室颜欢四下“探索与发现：三角形内角和”

成都工作室-颜欢 · 3个月前 · 264 次点击

这是一个创建于 79 天前的主题，其中的信息可能已经有所发展或是发生改变。

尊敬的各位专家、老师：大家好！我是来自成都工作室的颜欢，非常荣幸能代表工作室参加第二届全国名师工作室教学设计与课堂展示“混合式学习”主题专场活动。我参赛的课题是四年级下册《探索与发现：三角形内角和》。在接下来的日子里，我将与小组的李丽、周自华、郑东俊老师，紧紧围绕本次活动主题“混合式学习”对这节课展开全新的尝试与探索。感谢各位专家的指导，感谢各位同行的分享与帮助。最后，预祝本次大赛圆满成功！

内容导读：

【教材图片】https://bbs.xsj21.com/t/1583#r_59106

【教材分析 / 学情分析】https://bbs.xsj21.com/t/1583#r_59109

【学习目标 / 学习重难点 / 教学准备】https://bbs.xsj21.com/t/1583#r_59116

【教学设计第一稿】https://bbs.xsj21.com/t/1583#r_59118

【选课思考】https://bbs.xsj21.com/t/1583#r_59119

【课前小调查】https://bbs.xsj21.com/t/1583#r_59123

【第一次 — 课后小调查】https://bbs.xsj21.com/t/1583#r_59127

【研课过程中的困惑与思考】https://bbs.xsj21.com/t/1583#r_59131

【研讨过程花絮】https://bbs.xsj21.com/t/1583#r_59143

【教学设计终稿】https://bbs.xsj21.com/t/1583#r_69838

【教学视频】https://v.youku.com/v_show/id_XNDk5MzI1NTU3Mg==.html?spm=a2h0c.8166622.PhoneSokuUgc_1.dtitle

【课堂教学实录】https://bbs.xsj21.com/t/1583#r_72178

【教学片段：量】https://v.youku.com/v_show/id_XNTAwMjYyMTc4OA==.html?spm=a2hbt.13141534.app.5~5!2~5!2~5~5~5!2~5~5!2~5!2~5!2~5~5~A

【教学片段：撕拼】https://v.youku.com/v_show/id_XNTAwMjYyMTc2OA==.html?spm=a2hbt.13141534.app.5~5!2~5!2~5~5~5!2~5~5!2~5!2~5!2~5~5!5~A

【教学片段：折拼】https://v.youku.com/v_show/id_XNTAwMjYyMTc1Mg==.html?spm=a2hcb.playlsit.page.11

【教学资源 - 3.0 微课片段 1】https://v.youku.com/v_show/id_XNTAwMjYzMDkzNg==.html?spm=a2hcb.playlsit.page.7

【教学资源 - 3.0 微课片段 2】https://v.youku.com/v_show/id_XNTAwMjYzMDk0MA==.html?spm=a2hbt.13141534.app.5~5!2~5!2~5~5~5!2~5~5!2~5!2~5!2~5~5!3~A

【第二次 — 课后小调查】https://bbs.xsj21.com/t/1583#r_73320

【活动综述】https://bbs.xsj21.com/t/1583#r_73361

【结构化解读《三角形内角和》】https://bbs.xsj21.com/t/1583#r_73362

图 1

行动三：走“芯”

“教育应落脚于人的发展，着眼于人的核心素养的发展”是本课教学之“芯”，也是研讨与答辩之目标。

“芯”思一：预设问题定深度

在课例研讨的同时，我们也紧锣密鼓地进行答辩准备。针对预设问题，我们反复上线研讨；谢定兰老师帮助逐字逐句修改、提炼答辩提纲。随着课例研讨的逐步深入，我们看到的点更聚焦，挖掘的内容更深入，答辩的基调逐渐敲定。12月，我们将这节课的答辩题目拟定为“探本质，寻方法，促思维”。我们把目光着

眼于将来，结合小学数学学习的特点，答辩紧紧围绕如下两条思考"线"来加以整理。（如图2）

探本质，寻方法，促思维

——结构化解读"三角形内角和"

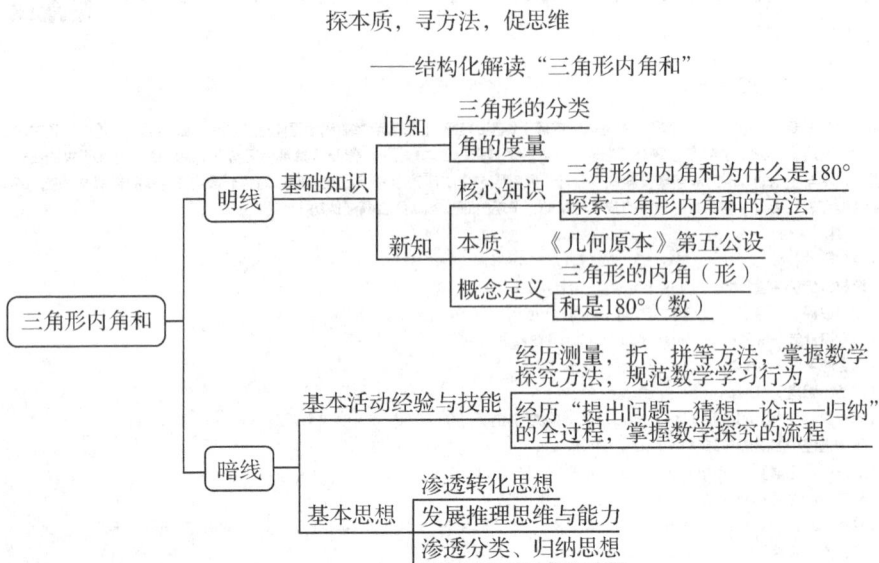

图 2

（1）明线——基础知识。教材编排分为创设情境、提出核心问题、操作验证、产生质疑、推理论证、得出结论几个部分。开课创设情境、产生矛盾，提出研究问题：三角形的内角和到底是多少？与什么有关？展开初步操作，猜想三角形的内角和可能是180°。再次操作验证，引发质疑：难道要逐一验证所有三角形内角和都是180°吗？

（2）暗线——基本活动经验与技能、基本思想。本课充分发展学生的推理思维与能力，具体思考是：

①借助两次转化实现推理。借助测量求和实现第一次从"数→形"的转化；通过撕拼、折拼两种操作验证方法实现第二次从"形→数"的转化。

②借助分类、归纳实现推理。每人研究一个三角形，每组研究三类三角形，再全班汇总、归纳、推理得出最终结论——任意三角形的内角和都是180°。

③从合情推理走向演绎推理。

"芯"思二：追问问题定宽度

答辩充满变数。通过反思自己的亮点与不足，我们的理解从模糊走向清晰。我们梳理了可能出现的追问问题，例如，围绕数学学科核心素养、关键能力、数学思想方法与能力：三角形内角和是小学数学图形与几何板块的内容，在课堂中你们是如何发展学生的推理能力的？请结合本节课，谈谈你们是如何培养学生的空间观念的？围绕课堂活动：操作活动的价值如何体现？请结合本课，举例谈谈课堂中的评价是怎样体现的？请结合本课，谈谈是如何处理学生的思维障碍，促进学生思维的发展？

…………

我们通过查找资料，对本课的理解由浅到深，并形成文字，先组内分享、修改，再多次进行线上模拟答辩，做到人人心中有数。

"芯"思三：网络答辩定厚度

经过三个多月的论坛展示与研讨，36个基地校代表队和24个名师工作室团队于12月21日至25日齐聚CCtalk平台，聚焦"混合式学习"，进行网络答辩。

12月24日，是我们答辩的日子。在预设问题回答中，我们配合默契，从四个方面进行了逐一阐述，顺利完成了答辩任务。在回答追问问题时，我们从"混合式学习"的内涵解读、本课采用的"混合式学习"方式、微课优势等方面进行了精彩的辩论。我们认为，微课可以课前答疑，成为预习新知的好帮手；课中感知，成为思维的引领者；课后使用，成为智慧的启迪者。教学实践表明，在教学进度、时间基本限定的情况下，班级群体中，学生的数学知识、技能、思想、方法等的获得都有着不同程度的差异。以本课后测数据为例，我们可以看出并非所有学生都收获到验证三角形内角和的量、撕、拼方法，能利用三角形内角和来解决问题的学生人数也仅占调查总人数的17%。针对以上情况，我们可以课后借助微课"回头看"来巩固学生课堂所学，形成闭环学习。课后的"回头看"，有助于学生重复观看与学习，针对课堂上还没完全理解的知识点进行再次学习，能辅助学生有效地理解并突破重点和难点，查漏补缺；有助于满足个性化的学习需求。延长教与学的时间，优化教与学的过程。

"芯"思四：再次反思定态度

颜欢老师感叹道：回头看这四个月的准备过程，在工作室负责人谢定兰老师和教研员张碧荣老师的指导下，我们经历了选课、上课、磨课、录课、网络答辩等过程，一次又一次解读课程标准，解读教材；一次又一次查阅资料，了解初中和小学关于"三角形内角和"的前后联系，结构化建构；一次又一次前测后测学情，基于数据不断优化教学设计；一次又一次试讲、调整、录课；一次又一次深夜"腾讯会议"，对答辩预设问题和追问问题逐句修改，逐字斟酌，精准到秒；一次又一次，把团队力量发挥到极致。很庆幸自己有机会参加本次教学设计与课堂展示大赛，让我收获到一次难忘的磨课经历，一份真诚的团队友谊，一段2020年最温暖的成长时光。感恩成长路上两位专家的悉心指导，感谢团队小伙伴们的一路陪伴！

周自华老师谈道：回顾研究历程，那一帧一秒仍伫立心中。今天我们似乎到达了目的地——“混合式学习”主题研讨与答辩活动圆满结束并获一等奖，但对自身经历的过程再认识，对其他同类辩课的关注，捋一捋，思考仍在继续。

加入微课的“混合式学习”数学课堂，其内容与形式更加多元，也更加美好，作为参与者的我们研究得越深入，就越感受到数学课之美。数学课美在哪里？美在思维，美在文化，美在思想。我们追寻以“学”定教，不仅仅是简单地带领学生往认知结构里增加新的知识，更为重要的是要求学生学会数学思维的方法。因为一个答案只能用一次，一个方法可以用很多次，一种思想或者思维方法却可以用一辈子。正如拉姆所说：你可以从别人那里得来思想，你的思想方法，即熔铸思想的模子却必须是你自己的，坚持自己与融会贯通应该相辅相成。

今日展示之教师，扎根于课堂体现出的深度：或高效率、或生成精彩、或平实、或细节打磨……教师“接住了”学生把控的课堂，让我们真正看到什么是“台上一分钟，台下十年功”。数学学习是一个再创造的过程，行囊满满的教师投石问路，“一石激起千层浪”，学生经历研究的全过程，积累了丰富的数学活动经验与技能，加深了对数学知识的理解，“随风潜入夜，润物细无声”，学生满满的数学素养自此获得。

在这个信息共享、多元化发展的新时代，教师成长的动力就是不断地学习。学习，是进阶之旅。想一想，从众多比赛的课例中脱颖而出，凭什么？固然，全新的理念、优秀的创意、精彩的课堂是保障，但重中之重——“团队的力量”是成功的基石！叔本华说过：单个的人是软弱无力的，就像漂流的鲁滨孙一样，只有同别人在一起，他才能完成许多事业。此次比赛，新世纪小学数学成都工作室多位专家参与指导，相关基地校鼎力支持，团队成员虚心受教，强强联合，团队——成就了教师的专业成长。

十年树木，百年树人。教师跋涉在育人的旅途中，在泥泞中互相扶持，茫然时互相指点迷津；与学生携手并肩，扎根课堂，做个幸福的思考者，共同打造出这满园春色。所以，我们不忘数学学习的初心，仍将砥砺前行，不懈追求。

一群人，
一条心，
一起做好一件事，
与你一起，共赴美好，
“研”途有你，未来可期！

儿童立场下的新世纪小学数学微课3.0

东北师范大学华蕴实验学校　刘仙玲

2020年，新冠疫情改变教育形态，居家学习成为现实需要，线上教学成为必然。

新世纪（北师大版）小学数学教材编写组迅速发出集结号，组织优秀的研究与应用基地和学校研发新世纪小学数学微课3.0。自2月10日上线以来，新世纪小学数学微课3.0的平台访问量屡创新高，单日访问量高达1 000万人次。

新世纪小学数学微课3.0设计与制作成功的重要原因是"儿童立场"，即基于儿童，发现儿童，发展儿童。

一、基于儿童

根据皮亚杰关于儿童认知发展规律的理论，小学生处于第三阶段，即具体运算阶段，其基本特点是以具体形象思维为主要形式逐步向以抽象思维为主要形式过渡，思维的逻辑性仍然需要进一步依赖具体的事物和经验来支撑。

新世纪小学数学微课3.0，无论是数的认识还是运算，无论是图形认识还是测量……都设计了借助工具（如小棒、计数器、小方块等）进行实际操作、合作探究的学习过程，且每次都会提示屏幕前的学生"暂停一下"，去准备相应的学具共同研究、共同探讨，这样手、眼、脑多感官参与的体验性学习让抽象的数学更直观、更形象、更易懂。

新世纪小学数学微课3.0研发团队基于儿童认知、心理和年龄特点准确把握这一点，并将微课制作成各种各样的动画效果，随着生动有趣的问题展开探索，通过卡通或真人的对话，让电脑前学习的学生身临其境，学生有带入感，学习和成长在轻松、愉快的氛围中自然而然地发生。

东北师范大学附属小学的一位同学在微课使用调查问卷中这样说："以前上课总是做小动作，现在的微课3.0像动画片一样，一秒都不想错过。就顺便改掉了一些坏毛病。"

我校一位高年级同学则这样评价："看新世纪小学数学微课3.0仿佛置身于校园课堂，和同学们讨论、探究，不失趣味。"

最让人欣慰的是我校一位同学表达了这样的学习感受："从前我对数学没有一点兴趣，但看到新世纪小学数学微课 3.0 中老师和同学们有趣的对话，我就感觉数学还是很有意思的。"

新世纪小学数学微课 3.0 立足于学生，让学生站在课程的正中央，用学生的视角架起了课程与学生之间的彩色天穹，搭建起拾级而上的学习阶梯，学生在"观光望景""思维体操"中流连忘返，收获满怀。

新世纪小学数学微课 3.0 深受学生喜爱，这是教育的前提。

二、发现儿童

新世纪小学数学微课 3.0 设计与制作团队始终心中有学生，以敏锐的专业视角发现学生内心的想法，精心设计核心问题推动深度学习，并以适当方式展示学生可能产生的多样化想法，不断地与屏幕前的学习者进行分享、互动和交流，让学生在不知不觉中完成知识的迁移、关联和深化。

可以说，设计与制作微课的过程就是不断追问的过程——

· 学生是否喜欢这个情境、这个活动？

· 学生会怎样思考这个问题？

· 会产生几种答案？

· 其迷思、困惑、困难在哪里？

· 学生需要教师怎样的点拨、指导和交流？

……

所有这些深思熟虑都合情合理地融入 10 分钟左右铺陈的学习过程之中。学生循着教师设定的适应学生学习的脉络参与着、体验着、探索着和思考着。

例如，四年级上册第八单元第二课时"摸球游戏"，体现了教师对学生可能的想法的深度挖掘，伴随学习过程的徐徐展开，让学生经历了"初步猜测—大胆质疑—实践验证—获得结论"的过程。

面对 3 个盒子(第 3 盒：1 个白球 3 个红球；第 4 盒：1 个白球 7 个红球；第 5 盒：7 个白球 1 个红球)，教师提出了核心问题：这 3 个盒子中都有白球，那么，摸出白球的可能性一样吗？并提出了"暂停一下，与同伴说一说"的要求。

淘气说："两种球都有可能摸到，可能性一样吧。"

笑笑说："3 个盒子中白球的数量不一样，摸到白球的可能性应该不相同。第 4 盒摸到白球的可能性小。"

奇思质疑："没有啊，第 3 盒和第 4 盒都只有 1 个白球，为什么你说第 4 盒摸到白球的可能性小呢？"

被质疑的笑笑转而利用盒中球的总数来说理:"第3盒有4个球,第4盒有8个球,其中红球7个,白球1个,红球比白球多多了,摸到白球就更难了。"提出疑惑的奇思似乎仍然没有被说服:"真的是这样吗?"

接下来,便是验证猜测的实践操作活动,通过对3个盒子各15次摸球情况的数据统计,进一步验证猜测结果。其间,也呈现了学生不成熟的想法,如认为"哪种颜色的球摸出的可能性大,第一时间摸到的就应该是这个颜色的球",这一想法在对话和验证中得以纠正,随机思想不失时机地渗透,将学生认知与思考引向纵深。

新世纪小学数学微课3.0就是有这样的突出特点——学习过程展开充分。

新世纪小学数学微课3.0研发团队努力发现、体现学生多样化想法,哪怕想法并不成熟也作为宝贵的资源加以利用。在学习过程的合理展开中发现学生的迷思之处、困难之点,并于学生真实、多样化的想法中发现想法间的异同、连接和根本。新世纪小学数学微课3.0尝试"发散—聚合"的形散神聚的学习展开方式,体现着研发者对数学本质的精准把握和对儿童思维的真切关注。

三、发展儿童

新世纪小学数学微课3.0的设计与制作体现了"为了儿童、发展儿童"的价值追求。在短暂的学习时光中,横向关注知识发生发展的"序",纵向关注知识螺旋式上升的"列",构成的是学生多元、立体的"学"的场域,学生在此空间中徜徉,并获得全面发展。

跳出微课看生活,透过现象看本质,学生有了更广阔的视野,更真实、深刻的认识。还以"摸球游戏"为例,学生透过摸球活动中对可能性的理解观照生活中的摸奖活动时,便有了理性的判断和数学有用的感叹。当将两种颜色的球拓展到三种颜色或更多相关可能性问题时,学生已具备数学的眼光和解决问题的思想方法,而在深度学习中生长起来的能力让判断更有依据,让思维更有力量。这一从"学"到"用",从"用"到"得"的过程是学生联系生活、积极反思、自我教育的发展历程。

2020年3月28日,东北师范大学华蕴实验学校对学生利用新世纪小学数学微课3.0居家学习期间自己的成长收获或变化进行了调查,呈现的高频关键词分类整理如表1。

表1　学生居家数学学习收获或变化高频关键词统计一览表

（单位：人次）

关键词或短语	一年级	二年级	三年级	四年级	五年级	六年级	合计
更有兴趣、更快乐、更乐学、更自信了。	29	96	49	104	24	87	389
自主性增强，自己能管理自己，自控能力提升，更自律了。	57	55	33	56	38	82	321
能反复观看微课，学好数学。	/	57	16	96	21	69	259
更爱独立思考，思考力增强，思维开阔。	34	35	21	41	37	49	217
养成好习惯，更认真，更努力了，注意力更集中，更有计划做事了，不拖沓了。	17	48	23	35	18	26	167
增强了执行力，做事更有效率了。	/	/	20	12	40	26	98
合计	137	291	162	344	178	339	1 451

从统计结果可以看出，学生在利用微课的学习过程中，兴趣、思考力和自主性、自律性，以及通过反复回看微课学好数学的态度、坚持力等方面都有很大收获或提升。另外，值得一提的是，新世纪小学数学工作室还持续推出近200个绘本故事阅读分享线上资源，其作为学生学习的"调味剂"，丰富、润泽着学生的数学及精神世界。

新世纪小学数学微课3.0坚守学生立场，设计与制作了近千节顺应学生天性、适应学生发展的微课，在不断提高课程与学生之间契合度，找寻学生学习"他主"与"自主"之间平衡点的探索中，为学生数学学习挥写了浓墨重彩的一笔。

新世纪小学数学微课 3.0 在课堂教学中的应用探究

四川省成都市五块石小学　杨华培

　　2020 年新冠疫情期间居家学习，各地平台课、直播课轮番上演，学生和家长晕头转向地配合着。庆幸的是新世纪(北师大版)小学数学教材编写组迅速组织全国优秀教师制作了微课 3.0，让学生在寒冬中终于有了一套系统、完整且与教材进度相匹配的优质学习资源。为了解学生对微课 3.0 的使用情况与接受度，我们专门对我校学生进行了问卷调查。调查结果显示，有 98% 的学生对微课 3.0 很感兴趣并表示满意。复课后，我们一直在思考：如何整合与利用微课 3.0，将学生的线上学习与线下课堂教学结合，互为补充地进行"混合式学习"，有效提高学习效果？为此，我们开展了"新世纪小学数学微课 3.0 在课堂教学中的应用探究"的课题研究。在探究过程中，我们对本校二年级(3)班和(4)班所有学生进行了问卷调查，发放问卷 100 份，收回 96 份。调查结果显示：有 96.5% 的学生对用微课 3.0 与课堂教学结合的"混合式学习"方式表示满意；78.6% 的学生认为"混合式学习"可以提高课堂参与度；80.3% 的学生认为"混合式学习"可以提高学习积极性；69.7% 的学生认为"混合式学习"可以增进与他人的交流与合作。下面以二年级下册"有余数除法"单元教学为例，谈谈我们的一些做法，供大家参考。

一、微课 3.0 在课前、课中、课后的使用策略

　　(1)课前使用：采用类似于翻转课堂的方式，在课前组织学生进行线上导学。(如图 1)

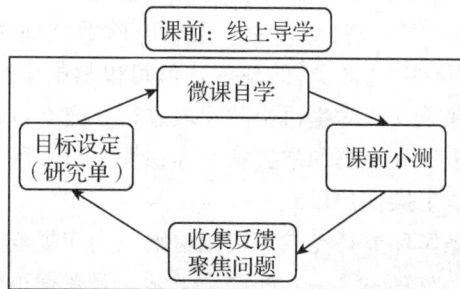

图 1

①根据本单元每课的学习目标设计出相应的课前学习单,为学生设定学习目标。

②将观看微课 3.0 作为前置作业,学生通过看微课 3.0 自学的方式学习,结合课前学习单有针对性地完成学习目标。

③通过课前小测找出学生存在的问题和疑难点。

④教师收集课前小测反馈信息,在课堂上结合重点和难点进行教学,有针对性地让学生深化理解并解决问题。

(2)课中使用:选用不同类型的微课 3.0 片段运用于课堂教学中的具体环节。(如图 2)

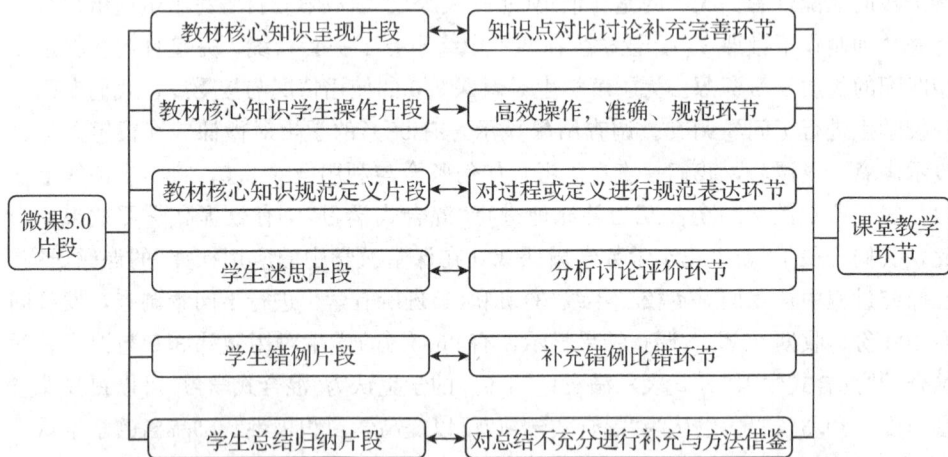

图 2

①教材核心知识呈现片段。

微课 3.0 中核心知识的呈现往往是通过学生之间真实的讨论,着重突出从粗糙的、不精确的探索,再到一步步拨开云雾的学习过程。如在本单元的计算课"分苹果""搭一搭(二)""分草莓"中,不同算法的呈现,让学生分析、对比、判断出最优的算法环节,在"搭一搭(一)"中,余数与除数之间关系的探究环节,在"租船"问题中,解决"最多""最少"的环节,就可以根据学生课堂表现的实际情况,而适时地融入微课 3.0 中学生讨论的片段进行补充学习,对比讨论,完善分析,并促进学生进一步深入理解和掌握核心知识发生与发展过程。

②教材核心知识学生操作片段。

微课 3.0 中学生操作环节是亮点,视频清晰、操作规范、表述完整,儿童化的语言易于学生理解。"搭一搭(一)"的课堂教学,要在摆小棒、分物体的过程中找出余数,并在学生实践操作后进行集体展示,但由于 15～20 根小棒数量比较大，学生操作不容易呈现出较好效果，而且占用课堂大量时间，如何能压缩时间，精简操作过程？此时，适时引入微课3.0中的学生操作环节来进行替代或补充，便能达到更清晰、准确、高效的规范操作呈现效果。

③教材核心知识规范定义片段。

在本单元中，表述有余数除法竖式中的每一步的算理是学生学习的重点，也是难点，在"搭一搭(二)"的课堂教学中，学生表述有余数除法竖式的每一步含义时，有些意思正确，但分析结构不清、逻辑性差，表述模糊不规范。此时，便可引入微课3.0的示范片段，进行规范、清晰的分析与表述，让学生模仿学习，进而达到对核心知识的分析逻辑清楚、表述规范的良好效果。

④学生迷思片段。

迷思片段在每节微课中都有呈现，是制作者依据多年的经验积累与实践总结出的，是学生思维不断进阶演变的思维外显，它既可以帮助教师在教学设计中更精准地掌握学情，调整教学设计，又是课堂教学中非常宝贵的过程性资源。在课堂教学中，探讨"为什么余数都比除数小"的环节，理解"限乘4人"的含义的环节，适时引入微课3.0中呈现的学生的迷思，引出话题让学生分析、讨论、判断与评价，非常有利于学生高阶思维的形成，促进深度学习。也可以在学生思考出现困难时恰当引用微课3.0，帮助学生在不断反思、批判的过程中从迷思走向清晰。

⑤学生错例片段。

微课3.0中每节课的错例都是非常有代表性的，其价值在于引发学生思考，激发学生兴趣，在错误中更清晰地认识知识本质。在有余数除法的学习中，学生出现的计算错误，在讨论"最多""最少"等问题时的典型错误，可以相机借用微课3.0中学生出现的错例与分析，让学生在分析、讨论、评价、化错的过程中，借鉴并收获更丰富的经验，走出认知误区，促进深度理解与元认知经验，提高课堂教学有效性。

⑥学生总结归纳片段。

微课3.0中每节课都设计了总结归纳环节，对知识总结、错例反思、知识结构化归纳都有很好的呈现，这些片段用于课堂教学的总结环节，可以对学生自己的总结与收获进行补充。微课3.0中的总结归纳环节，往往呈现了对本课结构化知识的思维导图与解析，把这样的微课环节引入课堂教学中，让学生在理解中潜移默化地模仿、借鉴与学习，有利于促进学生认知与知识结构化，以及元认知能力的形成。

(3)课后使用：便于复习回顾形成结构化知识。

其一，如果学生对课堂教学中还有知识遗漏或不过关的情况，可以利用微课不受时间与空间限制的特点，课后再学习，促进对知识的进一步复习巩固。其二，单元复习课与期末复习课，其主要特点是通过学生视角将单元内容结构化，在课后学习中让学生进一步对知识进行归纳总结，能促进学生完善知识形成体系。

二、对微课 3.0 在课堂教学实际使用后的反思与认识

(1)微课 3.0 受篇幅限制，每课侧重于核心知识点的呈现，知识的结构化与认知的结构化需要教师在课堂教学中进一步整理建构。微课 3.0 对知识点的深度理解与应用以及拓展，需要我们在课堂教学中不断地继续深入拓展与提升。例如，在本单元中，余数与除数关系的变式题型等，就需要教师在微课 3.0 例题的基础上不断变换，纵向拓展和提升，从而让学生达到灵活运用的目标。特别需要注意的是，虽然微课 3.0 是对教材的精准把握，是对教材核心知识的准确呈现，能保证学生对基础知识的理解与掌握，但运用微课 3.0 进行教学不是简单地通过观看微课来进行课堂教学，教师要根据教学内容和教学实际，适当运用微课。

(2)本学期我们专门对使用微课 3.0 教学的实验班(48 人)与未使用微课 3.0 的对比班(47 人)，在有余数除法单元测试中进行过对比，从结果中发现一个非常惊喜的现象。(如表 1)

表 1　实验班与对比班单元测试成绩对比统计表

分数/分	60 以下	60～74	75～84	85～99	100
实验班人数	0	3	18	23	4
百分比/%	0	6.3	37.5	47.9	8.3
对比班人数	2	5	11	24	5
百分比/%	4.3	10.6	23.4	51.1	10.6

结论：两个班在历次水平测试中成绩一直相当，但经过一段时间的实验，呈现以下几个特点。

①从实验班与对比班 75 分以下人数的数据对比中可以看出：实验班占 6.3%，对比占 14.9%，也就是对于前期学习能力不足的学生来说，实验班的进步是非常明显的，相信都得益于课堂教学方式的改变。微课 3.0 中童趣的动画，贴近学生生活化的语言，知识在讨论中逐步走向清晰的过程，激发了学生的学习兴趣，让学生对基础知识、基本概念等重要内容有了更好的掌握，因此，实验班中的学生进步比较大，对比班中的学生层次没有明显提升。②分数在 75～84 分的中等生比例中，实验班有了明显提高，也得益于学习有困难的学生的进

步，从而使实验班的中等生占比有明显优势。③在高分段的对比中，实验班与对比班的差距不明显，满分人数也提醒教师在提升基础的同时，需要在能力提升方面关注不同层次的学生，让每个层次的学生都能有所进步。

(3)在使用微课3.0进行课堂教学的过程中，教师参考微课设计思路能更深入地理解和把握教材，提高教学设计过程中对核心问题的设计和处理能力，这一点对新教师来说价值更大。与此同时，教师运用微课3.0教学的过程，无形中也促进了"混合式学习"教学方式下教学能力的提升，以及信息化能力素养的提高。

综上所述，在当前"互联网＋"的时代背景下，线上线下"混合式学习"方式必将成为未来时代学习的主流。是拾级而上亦或抱残守缺，这是我们每个人都将面临的选择。新世纪小学数学微课3.0为我们打开了一扇窗，为我们提供了丰富的基础资源，并创造了一个通往混合教学空间的通道，我们何乐而不为呢？

微课3.0时代复习课的设计与运用

——以一年级上册"比较"单元"整理与复习"为例

四川大学附属实验小学　袁　敏　沈　勇

微课是什么？百度一下，碎片化、结构化、主题化等一系列描述微课的关键词就能跃然眼前。一线教师或多或少制作或使用过微课，在实践中对微课有着自己的理解，也亲历了微课发展的过程。

新世纪(北师大版)小学数学教材主编刘坚教授总结了微课发展的三个阶段：1.0阶段——直接对课堂录像进行编辑和压缩；2.0阶段——专业人士针对某一特定知识或主题的生动讲解；3.0阶段——凸显学生在真实问题驱动下的主动学习与探索过程。

在微课3.0时代的理念下，教师如何在微课的设计与运用中展现学生的真实想法？微课3.0中，新授课、复习课、阅读课等各种课型在学生的学习中分别发挥着什么作用？学生如何更有效地融入各种课型的微课学习？这些问题驱动着教师个体和团队在实践中不断地研究和探索。下面就以新世纪(北师大版)小学数学教材一年级上册第二单元"比较"的"整理与复习"为例，从儿童化、系统化、问题化、生活化四个方面谈一谈对微课3.0时代复习课设计的思考。

一、儿童化——从儿童出发来进行设计

回顾微课发展的三个阶段会发现：前两个阶段中教师主导的痕迹要更重一些，而第三阶段真正凸显出了学生的主体地位。在微课3.0时代，复习课如何在10分钟的有限时间内实现"小微课"蕴含"大容量"？经历了新知探索的"新奇"后，如何在复习课中对知识"保鲜"？要解决这些问题都需要回到学习者本身，从学生出发来进行设计。这在微课3.0复习课的三大板块中得以解决。第一板块"你学到了什么"，以学生的实际情况来确定复习的起点并进一步展开复习；第二板块"巩固与应用"，聚焦学生真实的学习过程，解决真实的学习问题，关注学生在生活中对知识的综合运用情况；第三板块"你有什么收获"，让学生用自己的语言从不同角度总结复习的方法与收获。

【案例一】你学到了什么？

1. 通过回顾与复习，形成单元知识主框架。

师：在前面的几节课中，我们学习了第二单元"比较"。这个单元从第18页开始，到第23页结束。可以打开教材看一看，在这个单元中你学到了什么？暂停一下，想一想，说一说吧！

笑笑：这个单元有好几课，"过生日"这节课，我们比较了蛋糕、西瓜哪块大，哪块小；哪杯饮料最多，哪杯饮料最少；哪瓶饮料多，哪瓶饮料少。

淘气："下课啦"这节课里，老师带着我们学习了怎么比高矮，比长短。都要站平了，或者是一端对齐，然后再比。我们还比了谁走的路长呢！

妙想：在"跷跷板"这节课，我们知道了通过看谁把跷跷板压下来了，谁就重。要想比较两个物体轻重，还可以掂一掂，用天平称一称。

奇思：不管是大小、多少、高矮、长短、轻重，都是两个物体或者是更多物体来比，要是只有1个物体，就没法比了！

师（小结）：同学们说得真好，那你能不能把这个单元学习的内容整理一下呢？可以拿出纸和彩色笔，写一写或画一画你学到了什么，也可以把你印象深刻的内容标记出来，或者是有没有什么你想提出来的问题呢？暂停一下，做一做，再和身边的同学说一说。

2. 结合学生梳理的内容，具体复习比较的基本方法和策略。

展示学生作品一。（如图1）

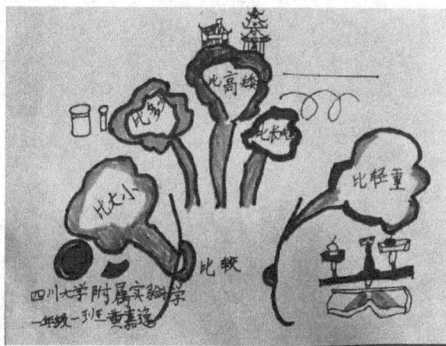

图1

淘气：大家看，这是我整理的！我想，这个单元学的是比较。那我们都比了什么呢？有比大小、比多少、比高矮、比长短、比轻重。在单元知识树上，长出了这些知识。我还在旁边画出了我最喜欢的例子呢！

展示学生作品二。（如图 2）

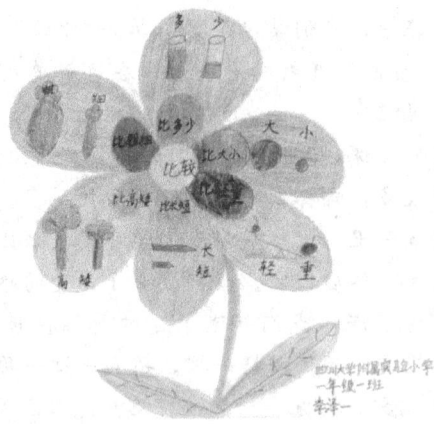

图 2

妙想：我想的和你差不多呢！看看这是我整理的。

淘气：哇，好漂亮呀！从花蕊长出了好多比较的知识。

展示学生作品三。（如图 3）

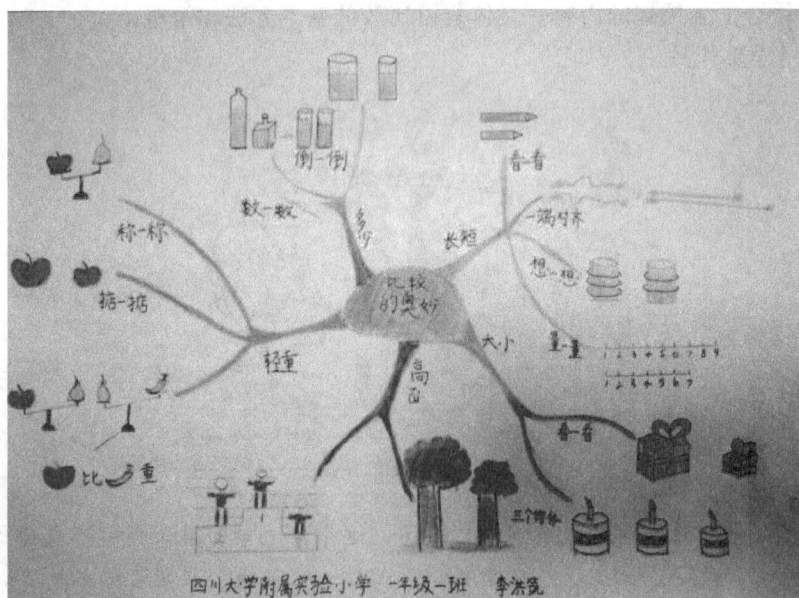

图 3

奇思：我整理了比较的方法有哪些。你能在图里找一找吗？

笑笑：有看一看、数一数、掂一掂、称一称……哇！好多比较的方法。

……

【案例一分析】

在"你学到了什么"的板块中，先让学生说一说自己在单元中学到了哪些知识，再用画一画和写一写的方式进行单元知识的整理。教师可以通过收集学生整理与复习的作品来了解学生对知识的掌握情况和真实的想法，从中选出最具代表性的作品作为课程资源来设计和展开单元的复习。在上面的案例中，通过呈现学生作品一、作品二，形象生动地展示了学生整理出的单元知识主框架以及相应的例子。通过呈现学生作品三，在形成知识主框架的基础上进一步整理出比较的具体方法和策略。微课3.0中依次从这三个学生作品出发展开单元的整理与复习，既体现了学生真实的单元学习情况，又展示了学生视角中的单元知识框架以及知识方法间的联系。

二、系统化——在沟通联系中形成体系

复习需要回顾知识点和方法，但又不能止于此，更为重要的是如何帮助学生建立起知识间的联系。新课的一般思考模式是这个问题用什么方法来解决，复习课可以把思考模式转换成这种方法解决了哪些问题，从而建立起单元知识之间的联系，方法之间的联系，形成更加多维的单元知识体系。

【案例二】用数一数的方法还解决过什么比较的问题？（如图4）

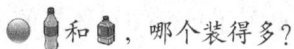

和，哪个装得多？

图4

师：再看一看，这两瓶饮料，哪个装得多？

笑笑：这两个瓶子高矮、粗细、形状都不一样。看起来装得差不多，直接观察比较不出来呢。嗯……我有办法了！可以把瓶子中的饮料倒进相同的杯子里进行比较，倒出的杯数越多，这一瓶就装得越多。

奇思：我知道了，直接看不出来，就可以找些物品来当标准，去数一数。

师：我们用数一数的方法还解决过什么比较的问题呢？

笑笑：还有比较谁走的路长的问题。路可没法拉直，也没有办法直接比较！

（如图5）

图 5

奇思：可以数一数每个人经过的格子边数。

笑笑：我来试一试。1，2，3，4，5，6，7，8，9，穿蓝衣服的小朋友走过的格子边数是 9 个。1，2，3，4，5，6，7，8，穿红衣服的小朋友走过的格子边数是 8 个。9 个比 8 个多，所以穿蓝衣服的小朋友走的路长。

【案例二分析】

在新课学习中，比较大小、多少、高矮、长短、轻重是分开来学的。这很容易形成不同类型的比较互不相干的错觉。实际上比较的方法都采用了直接比较或间接比较。比较的策略也是一致的，首选直接比较，无法直接比较出结果时，再考虑间接比较的方法。间接比较时往往会找些参照物来当"标准"去数一数。通过抓住"看一看""数一数"等方法主线，分别梳理出每种方法可以解决比较中哪些类型的问题，从而打通知识间的联系，建构完整的单元知识体系，实现学习内容的由薄变厚。同时也要沟通不同比较方法之间的联系，如用"数一数"的比较方法需要确定"标准"，用"称一称"的方法比较三个物体轻重时需要用中间量作为"标准"。这些都需要找"标准"，凸显了单元知识体系的核心，实现了学习内容的由厚变薄。

三、问题化——在互动交流中解决问题

在"巩固与应用"板块，如何去选取或设计题目呢？面对基础题型、趣味题型、拓展题型、易错题型……太多的选择反而会难以取舍，我们需要把对题型功用的关注转变为对学生真实存在问题和困难的关注。真正通过练习与应用帮助学生发现自己学习中还存在的问题。让学生在练习后的互动交流中经历发现错误、解读错误、化解错误的过程，提升多维度综合运用知识解决问题的能力。

【案例三】生生互动中解决真实学习问题。（如图6）

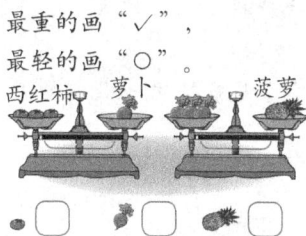

最重的画"√"，
最轻的画"○"。
西红柿　萝卜　　　　菠萝

图6

师：比一比轻重，最重的画"√"，最轻的画"○"。暂停一下，自己比较一下吧。

奇思：天平是平衡的，都是一样重的呀。

妙想：不对不对！你没有想清楚题目的意思。题目是要比较1个西红柿、1个萝卜和1个菠萝的轻重。天平平衡，两端就是一样重的，是3个西红柿和1个萝卜一样重。数量多的，单个的就轻，就是1个萝卜就比1个西红柿重。看另一个天平，可以知道1个菠萝比1个萝卜重。

奇思：你分析得很有道理。我现在知道西红柿最轻，画"√"，菠萝最重，画"○"。

妙想：嗯，你再看看题目的要求。

奇思：最重的画"√"，最轻的画"○"。原来是我把符号标反了。

【案例三分析】

在"比较"这个单元的学习中，学生比较轻重时普遍会出现两个思考的难点：一个是天平两端分别放多个物体达到平衡，比较单个物体的轻重；另一个是借助跷跷板或天平比较3种物体的轻重。所以，在"巩固与应用"板块中，选用的题目融合了这两个难点。当有学生根据天平平衡作出一样重的判断时，其他学生指出并分析了错误的原因是题意理解有误。接着借助1个萝卜这个中间量完成了3种物体轻重的比较。学生在正确进行比较后，还容易出现标反符号的错误。这些思考难点和易错点都在生生互动的过程中得以真实呈现和有效解决，实现了学生知识技能、数学理解、问题解决的多维度发展。

四、生活化——到实际生活中去应用

复习课除了通过常规练习的形式来巩固知识，还能创设更为丰富的形式吗？可以让学生回到生活的场景中去，完整经历发现问题、提出问题、分析问题、解决问题的过程。

【案例四】在生活中找一找，比一比。

师：我们还可以在身边找一找，比一比大小、多少、高矮、长短、轻重。暂停一下，去比一比吧。

奇思：我找到了两瓶墨水。这瓶比另一瓶剩的墨水多，说明这瓶比另一瓶用掉的墨水少。（如图 7）

图 7

笑笑：我找的是气球和石头。大大的气球比小小的石头轻。（如图 8）

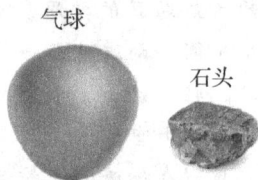

气球

石头

图 8

淘气：我和好朋友比了身高和体重。我比好朋友高，但是好朋友比我重。

奇思：我比较了自己手指的长度，中指是最长的。我还发现自己两只手的食指是一样长的。

妙想：哇，这样比较好有趣。我也要试一试。

【案例四分析】

"巩固与应用"的部分让学生去发现生活中哪些是能进行比较的，可以比较什么，怎么进行比较。再通过生生交流的过程打开"生活万花筒"：比较手指的长度带来了不同的发现；大大的气球比小小的石头轻；个子矮一些的比个子高的重。这些比较中的反差带来了比较的乐趣，也带来了认知上的冲击。知识应用的生活化，让复习课为学生提供了更充足的自主探索和综合应用的空间。

微课 3.0 正被越来越广泛地使用，微课 3.0 时代的设计理念正对我们的常态课产生积极的影响。相信在我们不断地努力探索下，微课这种学习形式必将在学生的学习中发挥更大的作用。

微课3.0，让儿童思维向更深处漫溯

——以二年级下册"搭一搭(一)"为例

河南省郑州市金水区教育发展研究中心　侯新慧

一、背景播报

2020年年初，一场突如其来的新冠疫情，严重影响了人们正常的生活、学习和工作。起初，也常常想，作为教育人的我们，在这特殊的时刻，能做些什么？还未来得及深思，1月28日，便收到了新世纪(北师大版)小学数学教材编写组制作微课3.0的邀请，那一刻，制作最好的资源守护"未来"的成长，已是我们最光荣的使命！

我认领了二年级下册第一单元"除法"第2课时"搭一搭(一)"一课的录制。微课制作开始前，新世纪小学数学工作室为我们提供了丰富的资源，视频素材、微课3.0样例、微课3.0课件模板、教材人物图片、软件安装包、微课3.0制作要点……从制作方向到理念，从技术到资源，事无巨细地考虑教师和学生的需求，为制作微课3.0提供了最强有力的支持。

在新世纪(北师大版)小学数学教材编写组的指导下，从脚本的撰写、修改，到学生作品的拍摄采集，再到微课3.0的录制合成，经历几十次的打磨与修改，微课3.0终于上线发布。

伴随着微课3.0制作的过程，面对微课3.0最希望凸显的特征——"基于儿童视角"，不断促发我的自我追问："如何在微课3.0中展示教材情境和问题串中重要问题的探索过程？""面前是一个自主学习的学生，他有着怎样的起点？喜欢怎样学习？喜欢怎样交流？在屏幕前有着什么学具和资源？会遇到怎样的困难和迷思？需要在哪儿停一停、缓一缓？需要怎样的脚手架？"这一系列的思考，在"基于儿童视角"的引领下，成为设计微课3.0时思考的新支点。

二、微课启思

(一)依托教材"情境＋问题串"，循着学生思维路径，设计驱动性任务，让学生思维逐步向更深处漫溯

微课3.0充分依托教材"情境＋问题串"的特色，基于学生心理及认知思维路径，设计有趣的、蕴含数学意义和富有挑战性的情境与驱动性问题，在一系列问题的引导下，让学生经历"实际问题—数学问题—建立模型—解释应用"的过程。

例如，"搭一搭(一)"一课，是二年级下册第二单元"除法"的第 2 课时内容。教材设计了用小棒搭正方形的情境，通过"13 根小棒可以搭几个正方形，还剩几根""认一认，想一想""搭一搭，填一填，你发现了什么""再分别用 25，31 根小棒搭一搭正方形，试一试"四个循序渐进的问题引导学生结合搭正方形的过程认识余数，探索余数和除数的关系，进而验证发现，呈现了学生学习脉络与教师教学脉络。在学习本课前，学生已经掌握了表内除法，有在平均分物过程中有时不能分完的数学活动经验。依托教材与学生认知路径，在设计微课时，围绕"搭正方形"的问题情境，设计驱动性任务链，引导学生思维逐步走向深入。

【微课写真】

首先，微课 3.0 通过问题"13 根小棒可以搭几个正方形，还剩几根"，引导学生在操作过程中体验、初步认识余数。

片段一：提出问题，自主探索。

笑笑：淘气，快来看！这里有 13 根小棒！用它来搭一搭我们学过的图形吧！

淘气：好啊，我们先来搭正方形吧！13 根小棒能搭几个正方形呢？（如图 1）

● 13 根小棒可以搭几个正方形，还剩几根？

图 1

师：13 根小棒可以搭几个正方形，还剩几根呢？请先暂停一下，用小棒搭一搭或者画一画，也可以算一算！

生 1：4 根小棒搭 1 个正方形，一共能搭 3 个，还剩 1 根。（如图 2）

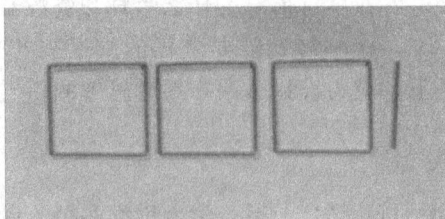

图 2

机灵狗：为什么会多出1根小棒呢？

生1：三四十二，搭3个正方形需要用掉12根小棒，我有13根，当然会剩下1根啦！

师：刚才搭正方形的过程可以用除法算式表示，在商的后面写上6个圆点，然后写上1根，就表示还剩1根，这个数叫作余数，这个算式读作13除以4等于3个余1根。（如图3）

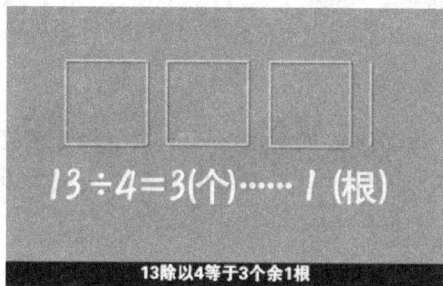

图 3

笑笑：这个算式中有这么多的数，都表示什么意思呀？我都糊涂了，怎么办呀？

妙想：为什么这个3后面的单位是"个"，1后面的单位是"根"呢？

淘气：别着急，我们来看看刚才搭正方形的过程。

淘气：被除数13，表示有13根小棒，除数4，表示每4根小棒搭1个正方形，商是3个，表示搭了3个正方形，余数是1根，表示还剩1根小棒。

片段一依据学生思维路径，将"13根小棒可以搭几个正方形，还剩几根"这个问题进一步深入，"为什么会多出1根小棒呢？""这个算式中有这么多的数，都表示什么意思呀？"这两个问题的讨论，让学生结合操作过程得出"剩下1根小棒，不够再搭1个正方形"的结论，理解了余数的意义，同时理解了有余数除法算式中每一部分所表示的意义，使学生在活动中真正理解数学。

其次，微课3.0呈现了一个大型的探索活动：分别用13，14，15，…，20根小棒搭正方形，观察、探索并验证结果中的规律。

片段二：操作探索，提出猜想。

机灵狗：现在有14根小棒了，还是搭正方形，结果会怎样呢？

师：同学们先暂停一下，你也来试试吧！先搭一搭或者画一画，再列式计算结果。

师：好了，我们继续分享。

生1：4根小棒搭1个正方形，搭好3个正方形以后，还剩2根，算式是14

除以 4 等于 3 个余 2 根。(如图 4)

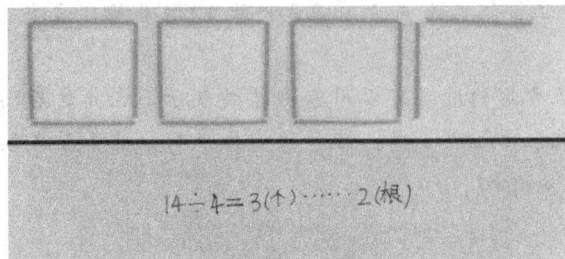

14÷4＝3(个)……2(根)

图 4

笑笑：如果用更多的小棒搭正方形，还会有什么情况呢？

引导学生画一画、写一写，把搭的结果和算式记录在表格里，观察每个算式中的数。(如图 5)

小棒根数	搭成的正方形	算式
13		13÷4＝3（个）……1（根）
14		14÷4＝3（个）……2（根）
15		15÷4＝3(个)……3(根)
16		16÷4＝4(个)
17		17÷4＝4(个)……1(根)
18		18÷4＝4(个)……2(根)
19		19÷4＝4(个)……3(根)
20		20÷4＝5(个)

图 5

师：同学们，你发现了什么？来听一听大家的发现吧。

生1：被除数一个比一个大，除数都是 4，但余数不一样。

生2：我发现，余数有规律，余 1 根、余 2 根、余 3 根，然后是正好用完的，接着又是余 1 根、余 2 根、余 3 根，正好用完的。

生3：小棒总数一直在变大，为什么余数最大只是 3 呢？

生4：让我们看看搭的过程。你看，13 根小棒余 1 根，14 根小棒余 2 根，15 根小棒余 3 根，再加 1 根，又能搭成 1 个正方形了。

生5：我有一个发现，余数总是比除数小！

片段二展示出学生对操作过程的思考——在搭正方形的过程中，有时小棒刚好用完，有时小棒会有剩余，而且随着小棒总数的增加，剩余的小棒数量也相应增加，但是当增加到一定程度时，这个过程突然被中断(小棒刚好用完)，再继续下去，又出现一个循环。通过这组余数"从无到有"连续出现两个周期数据的观察，初步发现余数和除数之间比较清晰的关系。进一步，微课 3.0 通过用不同数量的小棒搭正方形的活动，引导学生对发现的规律进行验证；最后通过学以致用、反思总结，解决现实问题，进行解释应用。引导学生自主建构对学习内容的深度理解与认知。

(二)借助讨论与操作，突出对重要问题的探索，为学生提供突破迷思的脚手架

微课 3.0 借助直观模型、实际操作、举例解释等多种方式，突出对重要问题的探索，让学生经历活动经验的积累过程和数学思想的形成过程，真正理解数学。

最初设计的"搭一搭(一)"片段二结束时，学生有了初步的发现"余数总是比除数小"后，便使用教材中的问题"再分别用 25，31 根小棒搭一搭正方形，试一试，验证你的发现吧"，让学生操作得到 25 根小棒搭正方形剩下 1 根，31 根小棒搭正方形剩下 3 根，归纳总结出"余数真的都比除数小"来展示后续的学习过程。

但线下教学的经验告诉我们，学生发现并理解"余数都比除数小"比较困难，容易存在迷思。因此，我们调整了设计，给学生充分的时间，在学生提出"余数总是比除数小"的猜想后，通过"要是再多一些小棒，余数还是要比 4 小吗"和"要是搭别的图形呢？搭五边形、搭六边形，余数也比 4 小吗"两个问题的讨论交流，引导学生再次经历"操作探索—对比、发现规律—解释验证"的过程，分享过程中的感受，从不同的角度验证、解释自己的猜想，使学生对概念的认知从模糊到清晰，对余数与除数之间的关系的理解、归纳水到渠成。

【微课写真】

片段三：推理、尝试，验证规律。

师：同学们，你们也发现了吗？根据这些发现，你能提出什么问题？

奇思：我有一个问题，要是再多一些小棒，余数还是要比 4 小吗？

师：再分别用 25 根，31 根小棒搭一搭正方形来试一试！同学们，你们也来试一试吧！

师：同学们，你们完成了吗？听一听，和他们得到的结果一样吗？

淘气：我用 25 根小棒搭正方形，可以搭 6 个正方形，还剩 1 根小棒，写成算式是 $25÷4=6$(个)……1(根)。余数比 4 小。(如图 6)

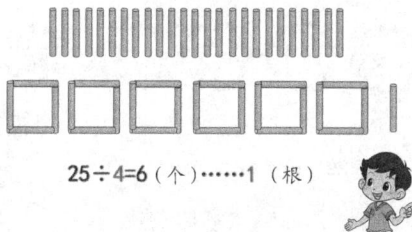

$25÷4=6$(个)……1(根)

图 6

笑笑：我用 31 根小棒搭正方形，可以搭 7 个正方形，还剩 3 根小棒，写成算式是 31÷4＝7(个)……3(根)。瞧！余数也比 4 小。(如图 7)

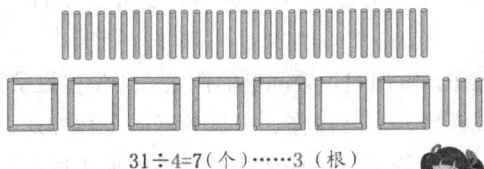

31÷4=7（个）……3（根）

图 7

妙想：我还有一个问题，要是搭别的图形呢？搭五边形、搭六边形，余数也比 4 小吗？

师：同学们，先暂停一下，你也来试一试吧！

师：好了，来听一听大家的讨论吧！

淘气：我用 19 根小棒搭五边形，可以搭 3 个五边形，还剩 4 根，余数是 4，不是比 4 小，是比 5 小。(如图 8)

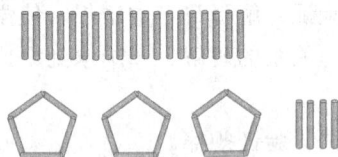

19÷5=3（个）……4（根）

图 8

笑笑：我用 29 根小棒搭六边形，可以搭 4 个六边形，还剩 5 根小棒，写成算式是 29÷6＝4(个)……5(根)，5 比 6 小，余数比除数小。(如图 9)

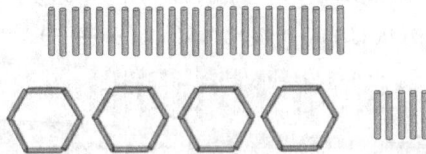

29÷6=4（个）……5（根）

图 9

　　淘气：搭五边形的时候，余数是 1，2，3，4。余数是 4 的时候，再多 1 根就又能搭成五边形了，除数是 5，余数要比 5 小。（如图 10）

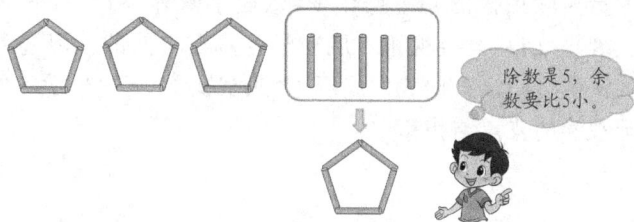

除数是5，余数要比5小。

图 10

　　笑笑：搭六边形的时候，余数是 1，2，3，4，5，余数比 6 小。余数是 5 的时候，再多 1 根小棒，就搭成新的六边形了。除数是 6，余数要比 6 小。（如图 11）

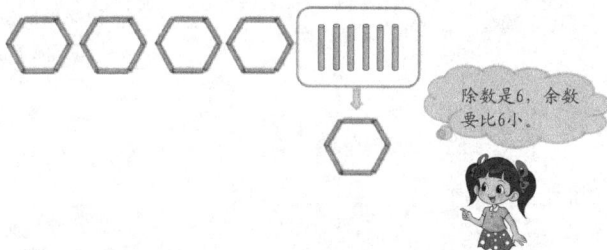

除数是6，余数要比6小。

图 11

　　妙想：看来余数真的都比除数小呢！（如图 12）

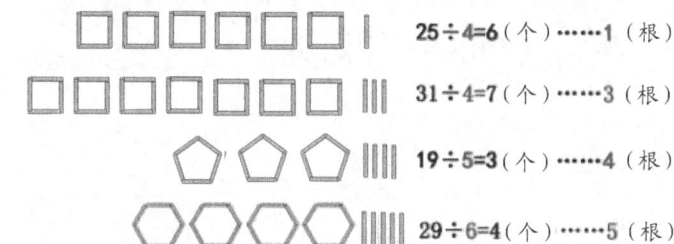

$25 \div 4 = 6$（个）$\cdots\cdots 1$（根）

$31 \div 4 = 7$（个）$\cdots\cdots 3$（根）

$19 \div 5 = 3$（个）$\cdots\cdots 4$（根）

$29 \div 6 = 4$（个）$\cdots\cdots 5$（根）

余数都比除数小。

图 12

　　"窥一斑而知全豹"，微课 3.0 依托教材，基于对学生学习心理特点与思维路径的深刻分析，通过几个主要人物的讨论与交流，通过动画的形式，用儿童的语言表达，采用大量实际拍摄的儿童操作视频（摆小棒等）和手写作品（表格记录、圈画、作业单呈现），凸显学生视角，展现学生真实自然的学习过程，引导学生自主实现思维的深度进阶。既向我们展现了"儿童视角"下学生学习的路径，也为我们提供了教师教学的支点与指南。

在微课 3.0 制作中看教师专业成长

——以四川省天府新区小学数学微课制作团队为例

四川省天府新区教育科学研究院 池红梅

2020 年 2 月，因为新冠疫情，全国中小学都延期开学。停课不停学，如何让学生更好地在家进行学习？新世纪（北师大版）小学数学教材编写组立即行动，开始策划制作微课 3.0。有幸，四川省天府新区的小学数学教师团队参与了此次微课制作。

制作过程从 2020 年 2 月持续到 2020 年 12 月，团队教师有太多的辛酸和付出，但让人欣慰的是，通过微课 3.0 制作，我看到了区域教师团队的成长。

一、制作微课有助于教师加深对教材的解读

微课 3.0 以反映学生的学习过程为主，不是教师照本宣科地讲解知识点。每拿到一节课的制作任务，团队老师都会认真地去解读教材：情境是什么？问题串是什么？教材的重点、难点是什么？假如是在真实的课堂教学中，该如何推进与串联？……微课 3.0 的制作全过程也都由教材编写组直接指导，一节课总是要经历来来回回多次的修改。

例如，在制作三年级上册第一单元"混合运算"的"整理与复习"微课时，团队一直找不到最满意的设计，总是陷入"练题"的困境，缺乏对整个单元的整合与升华。刘坚教授亲自指导："这个单元的'整理与复习'应该把握两条线，一是如何分析数量关系，二是如何正确解答。不要人为地去给应用题贴上'一步、两步、三步'的标签，只要学生读懂了，搞明白究竟是在讲什么事，一切就清楚了。学生需要基于情境和意义的理解来掌握混合运算的顺序，而不是纯技能计算。"

刘坚教授的话给了团队老师深深的启发。在这样的理念下，第一节"整理与复习"侧重根据事情的发生和发展再一次理解"先加减后乘除"的运算顺序的合理性，以及小括号的作用；第二节"整理与复习"侧重在掌握了运算顺序后的练习与应用。这样设计的两节"整理与复习"课得到了极大的改进。

微课 3.0 里藏着教师的教学路径，如果您不知道这节课该怎么上，建议您去看看相应的微课 3.0。

二、制作微课有助于教师加深对学情的分析

微课 3.0 要求"反映学生自然的、多样化的、也许不成熟的想法",这个要求的本质是学生视角。

在学生居家学习期间,因为不能直接和学生见面,我们通过在线的方式对学生进行了学情调研。

例如,在制作二年级下册第一单元"除法"的"整理与复习"微课时,团队老师分层对学生学情进行调研。选择不同学习水平的学生做样本,然后在线和家长取得联系,告知调研要求,让家长不要给予提示和帮助,看学生真实状态下的学习情况。学生的情况收集完成以后,再传到团队研究微信群,大家一起分析作品,找现状、找成因、找突破,为微课制作提供了学情依据。

在修改微课的过程中,教材编写组的专家常提醒我们:这一点,你们记得进行学生的调研,看看学情!

这一理念,深深地扎根在了团队每一位教师的心里。从这一刻开始,不仅仅是做微课,你会经常听到大家说:不要着急下结论,我们先去做个学情调研吧。

三、制作微课有助于教师提升信息技术应用水平

学生反馈微课 3.0 太有趣了,就像看动画片一样。我想,这样童真的评价,是对微课 3.0 制作技术的褒奖。

在制作微课之前,团队老师最多也就是掌握了一些简单的录屏技术,而经历了这一次的微课 3.0 制作过程,大家个个都成了网络操作技术骨干,引领着学校甚至是区域的技术潮流。

音频怎样录才不会"吃掉"最前面的两个字?

说错了的一个字,如何利用"掐头去尾"的技术重组?

如何拍摄视频才会使效果最佳?

哪些视频剪辑软件既好上手效果又佳?

怎样让画面呈现趋于精致和完美?

……

在团队里,这样的技术制作手册可以写上厚厚一本。现在的我们,再看一般的微课时,都可以提出一些改进建议,我们从制作者变成了指导者。

四、制作微课有助于促进教师的团队合作

没有熬过通宵,都不敢说自己做过微课 3.0。

微课 3.0 的制作量大,时间紧任务重,团队老师要分头合作,写脚本的、录

视频的、做教具的、剪辑的、收录声音的……需要各自独当一面，也需要团队协调。大家常常需要开碰头会，仔细研究每一处修改方案，一一落实修改。

经过一段时间的磨合，我们摸索出最好的团队合作方法——一节微课安排三位教师：一人负责脚本撰写，一人负责采集素材，一人负责技术制作。如果哪节课需要帮助，别的小组会迅速配合：我能做什么……

制作一节微课需要花费大量的时间和精力，有了团队的力量，大家才有了坚持到最后的信心，无数个深夜与凌晨，都成了团队老师辛苦而又骄傲的回忆。

大家不仅收获了专业的成长，更收获了革命般的战斗友谊，让我们来听听团队老师们的心声。

在制作微课3.0的过程中，有过纠结，但远不如研读教材后豁然开朗后的喜悦；有过迷惘，但远不及深入研讨后茅塞顿开的欣喜；有过懊恼，但远不及精心修改后赏心悦目的满足。过程虽艰辛，收获亦丰硕。

　　　　　　　　　　——天府新区新兴小学　陶蒙(参与制作6节微课3.0)

在微课3.0的制作过程中，我们用一次又一次地绞尽脑汁、费尽心思，一遍又一遍地推倒重来，一个又一个深夜到凌晨的坚持，见证了一个个作品的诞生和自己综合能力的提升。

　　　　　　　　　　——天府新区华阳小学　黄敏(参与制作2节微课3.0)

我们深度解读教材，细致分析学情，努力学习视频剪辑，经历了无数次脚本的修订、素材的采集、幻灯片的制作……微课3.0让我们最终换来了自己的成长。

　　　　　　　　　　——天府新区南湖小学　李英(参与制作2节微课3.0)

微课3.0，立足于学生的视角，让我们仿佛重回儿童时代，童真的想法，童真的语言交流，童真的呈现形式，童真的画面。教师看微课3.0，重点和难点可一目了然；学生看微课3.0，疑惑点可重复观看；5岁幼童看微课3.0，有趣点可反复观看。不同的观看者，有不同的收获。

　　　　　　　　　　——天府新区华阳小学　李秀娟(参与制作2节微课3.0)

微课3.0的制作过程就是一次次结构优化的过程，每个环节都站在学生的角度解读、设计，呈现学生真实的学习过程。一次次对学生的迷思、疑问进行调查和设计，让我更能站在学生角度思考。制作技术越来越熟练，越来越注重细节的把握和处理，对自己的要求也越来越高，感谢新世纪(北师大版)小学数学教材编写组，打造好微课，也让我成就更好的自己！

　　　　　　　　　　——天府新区南湖小学　付雪琴(参与制作2节微课3.0)

在这样一个特殊的时期，参与了这样一件有意义的事情，用微课3.0把有趣又有营养的数学带到学生面前。一次次调研，为把握学生最真实的知识生长点；

一次次改稿，为体现学生最真实的学习过程。以学生为主体，以学生的发展为本，将数学与学生的生活紧密联系起来就是微课 3.0 的核心理念，也将成为我今后每一节数学课的追求。

——天府新区锦江小学　王欣（参与制作 2 节微课 3.0）

在参与微课 3.0 的制作过程中，最大的感触是我们要从学生的思维和学习方式去设计，多想想怎么让线上学习的学生能接受，并参与到学习中。虽然隔着屏幕，学生也愿意去学，愿意去动手参与，愿意去思考。

——天府新区锦江小学　周玺（参与制作 2 节微课 3.0）

这场微课 3.0 战役，从 2 月持续到 12 月，10 个月的时间，让我们都深感不容易，但确实让自己成长了很多。技术上的、设计上的、对做事如何更严谨的思考上的……都在潜移默化地让自己改变。感谢这次经历，让我揭开微课 3.0 的神秘面纱，让我可以对着新世纪公众号的资源和学生介绍：瞧，这是周老师和咱班的同学一起完成的哦！骄傲属于我们所有人！

——天府新区第四小学　周长秀（参与制作 2 节微课 3.0）

微课 3.0 从每完成一稿后的欣喜若狂，等待回复过程中的期待紧张，到被"打回来"重做的越挫越勇，每一个过程都有新的体验。正因为有这些过程，最后的成果更显得弥足珍贵。很荣幸参与本次高标准、高规格、高质量的微课 3.0 的制作，让我找到了更好的自己！

——天府新区南湖小学　徐巧（参与制作 2 节微课 3.0）

微课 3.0 的制作过程就是不断完善、精益求精的过程。我记得在做"长方形的面积（试一试）"这节微课的时候，为了一张只呈现几秒的测量房间的照片，大家就拍了近 1 小时，只因为没有找到心目中最理想的角度。两节微课做下来，感触最深的就是重细节，到最后是"自己不放过自己"，每一个细节都想着做到尽善尽美。也正是这种极致的美，让我感受到了大家对微课的用心与认真。于我，这不仅仅是两节微课，也是教学生涯中重要的两节示范课。

——天府新区南湖小学　何青清（参与制作 2 节微课 3.0）

最大的感悟，前期一头雾水，后期轻轻松松，享受做微课 3.0 的快乐。虽有无数次被驳回，无数次争议，但得到一点肯定就会觉得希望就在眼前，尤其是快结束的时候，微课 3.0 慢慢结构化成型，从无到有到"完美"的过程，就像看着自己的孩子慢慢长大的感觉，既欣慰又开心。

——天府新区南湖小学　王烨（参与制作 1 节微课 3.0）

学生学"糊涂"了

广西壮族自治区桂林市秀峰区教育局教学研究室　陈燕虹

教育部应对新冠疫情的工作举措之一是"停课不停学"。

桂林市秀峰区小学数学教师有幸第一时间得到新世纪(北师大版)小学数学教材编写组的邀约，成为微课3.0的制作团队。大家都满腔热忱地准备为抗击新冠疫情工作贡献自己的微薄之力。但是，当我们摩拳擦掌跃跃欲试地翻开《新世纪小学数学微课3.0制作手册》(以下简称《手册》)时，一瞬间就被里面的要求打蔫了！

《手册》要求了什么？

微课3.0主要特征

1. 儿童视角，呈现学生真实、多样、有代表性的想法

①突出体现学生如何开展数学学习；

②突出学生自然而然的、多样化的、也许不成熟的想法；

③突出学生真实的操作过程。

2. 充分展现教材"情境＋问题串"的特色

①突出真实情境和问题串中重要问题的探索过程；

②突出学生困难、迷思的突破过程；

③突出从粗糙的、不精确的探索，到一步步拨开云雾的学习过程；

④突出数学理解、基本数学思想和基本活动经验。

3. 形式活泼、富有童趣、使用儿童语言

①突出内容短而精、清新、易懂；

②突出展现儿童讨论、交流、对话过程；

③语言亲和、自然、幽默、兼具启发性。

要求制作团队必须体现出微课3.0的主要特征。"突出学生自然而然的、多样化的、也许不成熟的想法""突出学生困难、迷思的突破过程""突出从粗糙的、不精确的探索，到一步步拨开云雾的学习过程"……也就是说要有真实的学习过程，并且观看微课的过程，就是学生学习展开的过程。

可是新冠疫情期间，大家都居家隔离，去哪里找学生了解其真实的想法？而且观看微课不同于真实的课堂教学，缺少了真实的互动，短短的8分钟～12分钟，

学生相对集中地看到"多样的、粗糙的、不精确的"过程，身边又缺乏同伴讨论，也缺乏教师的及时点拨，会不会看"糊涂"？

不管如何疑惑，我们坚信教材编委们的专业高度，坚信在编委们的带领下，我们会到达未知之境，看到新天地的旖旎。

那就克服困难去寻找学生可能遇到的问题！去尽可能地捕捉真实的过程呈现到微课 3.0 中！

首先，我们向教过这些课的教师请教，然后将他们的教学感受汇总起来，并从中提取出和"过程""迷思"有关的信息。

其次，选择不同学校，包括城市中心学校、城乡接合部、农村学校，选择不同水平的学生，包括高水平、中水平和低水平的学生，形成试课小组，通过试课获得最真实的第一手资料。

2020 年 2 月 10 日，全国的学生开始了线上学习。

6 个年级里有 3 个年级的开学第一课都是我们团队制作的微课 3.0。这"第一响"会不会哑？体现真实过程的微课 3.0 会不会把学生学"糊涂"呢？我们都很紧张！

这一天，作为教研员的我因为要了解各校各年级的情况而异常繁忙。好友 Tina 的微信头像一直闪，没空理她，直到下午才打开来看。已经哗啦啦发了好长一串，有图有文，好半天才看完。

大概意思是新世纪小学数学微课 3.0 把学生学"糊涂"了。

"这个内容我原来都教过的，原来还会的。"

"不看还好，看了反而糊涂了。"

"问她一下，更加糊涂了！这怎么得了！"

"线上学习是不是都这样？"

Tina 的焦虑和担心一览无余。

难道学生看完微课 3.0 真的如我们预见的一样会"糊涂"？

第 2 天，我陆陆续续收到教师的反馈。我在这些反馈中发现了很多个"Tina"，"Tina"们既有家长，也有教师。

"Tina"们都很焦虑和担心！制作团队也开始焦虑和担心起来。后面的微课 3.0 是不是还继续这样做下去呢？

看来，学生学"糊涂"了还真成了一件事儿。

当务之急是要弄清楚"Tina"们口中的"糊涂"是怎么回事。

有一位"Tina"的女儿看的是三年级"分桃子"这节课，该课的学习目标是探索两位数除以一位数的计算方法，明白计算的道理；通过分物活动理解除法竖式计算过程中每一步的意义；能够用除法知识解决一些简单的问题。情境中要解决的

是"把 68 个桃子分给 2 只猴子，每只猴子可以分得多少个"的问题。（如图 1）

图 1

"这节课是学习除法竖式。68 除以 2 很简单，早就学过了。"

"但是你看看，下面哪一种她都说可以。"（如图 2）

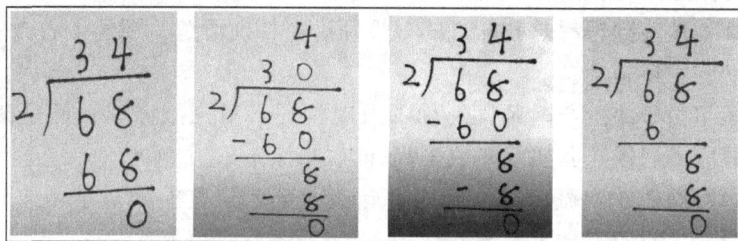

图 2

"怎么可能一样呢？明明只有第四种是对的。"

"把她扭过来，让她自己写的时候，她又写成第三种。"

"真是不看微课还好，看了反而错了。"

针对"看了反而错"这一类现象，我们分组进行了追踪，看看学生会不会一直错下去，结果得到两个有趣的发现：

（1）微课 3.0 的学习历程是看、听、做的互动过程，虽然学生在看微课 3.0 的时候不能像在课堂上一样讨论，但是他们看到了微课 3.0 里主角的讨论，聆听他人不同的做法和观点，从而使他们的原始观点（想法）发生转移或者扩大，构成新的认知。

（2）我们知道过于容易或过于困难的问题会抑制学生的学习积极性，而微课 3.0 正好呈现了超出学生现有的水平、同时又是通过努力能够达到的内容，能比较好地激发学生的思考，但学生的思考需要有一个过程。

这下放心了。所谓的"糊涂"，不过是必经的过程。

这不但不是坏事，反而还是好事！

学生选择第三种方法，就是因为第三种方法最贴合刚刚接触除法竖式的学生思维——"我觉得第三种最好，因为它最清楚，把分物的过程都记录了下来"。

学生会一直停留在第三种方法上吗？不会。

一方面随着数学活动经验的积累，另一方面学生通过交流，会发现不同的思路和策略，最终会过渡到一般化的"模型"，即 Tina 认为"对"的除法竖式。这个过渡，新世纪(北师大版)小学数学教材编委们希望是自然的，是源于学生的。

其实，作为制作者，我们一方面紧跟教材编委们的脚步去制作，另一方面也积极地去寻找问题的答案——为什么微课 3.0 要有这样的过程？

2 月 10 日—17 日，笔者选择和推荐了 5 种不同的资源供教师、家长选择，与新世纪小学数学微课 3.0 相比，其余的资源相当于微课 2.0。简单地说，微课 2.0 最大的特点是从教师视角出发，用教师的语言讲数学。在思考过程和结论上，很快走向规范统一的概念或书面内容，没有来自学生的、真实而丰富多彩的思考过程。

微课 2.0 从头到尾都是教师讲的，教师讲得特别清楚，那学生看微课 2.0 会不会"糊涂"呢？还是会。

线上学习由于缺少与教师面对面的及时沟通，不论微课 3.0 还是微课 2.0，学生刚刚看完的时候，其实或多或少都有点"糊涂"。

那么，微课 2.0 和微课 3.0 到底有什么差异，这些差异对学习来说，是什么？通过对比，我们有如下发现。

1. 微课 2.0 和微课 3.0 都能引发学生对数学知识的学习

不管是微课 2.0 还是微课 3.0，它们都能引发学生对数学知识的学习。这表明不论是从儿童视角出发，还是从教师视角出发，只要围绕一个问题展开，有过程、有结果，都是学生可以接受的教学形式，都能引发学生的思考。不同的线上资源是可以互补的、也是可以融合的。换句话说，学生可以、也应该在不同的微课中寻找自己需要的营养。需要注意的是，这里的发现需要一个前提，即微课本身需要具有情节性、趣味性和完整性；讲解也必须是正确的。

2. 微课 2.0 和微课 3.0 思考过程的差异性带来交流状态的差异性

线上资源学习完了以后，任课教师会组织学生进行交流。

学生基于自己的理解，即学生个体的"差异化"理解展开交流。交流展开的可能性与微课 2.0 和微课 3.0 思考过程的差异性关系不大——我们知道，在课堂上，当教师要求学生交流，学生在外力的驱使下就会展开交流。但是交流状态的差异性与微课 2.0 和微课 3.0 思考过程的差异性有关系。

交流是倾听(接收信息)、转录(转化为意义)、联结(他人与自己的观点)、反馈(给出回应)的综合过程。良性的交流是网状的、丰富的，同时又具有方向性，最终丰富各自的理解。

比较而言，学习微课 3.0 的学生，在交流的过程中，其丰富的心像、彼此差异化的表达，为交流提供了更厚实的基础和更多的联结点，使交流具有汇聚不同心像、辨析澄清的作用。这样的交流，一方面使学生自己的语言向数学语言过渡，另一方面使学生最后形成的数学语言具有相对牢固的经验基础。而学习微课2.0的学生，交流时则喜欢套用微课2.0中教师的语言，大家表达的内容差不多。看起来在交流，其实本质上是简单的复述。

3. 微课3.0会让学生经历知识协商的过程

从完形心理学的观点看，语言都是意有所指的，语言只有经过中和过后才能被理解，个体必须与他人交流沟通，才能使自己对事物的认识更充实、丰富且全面。可以说，意义本身是具有交互性的，需要不断地分解和组合，知识可以被看成是协商的结果。因此，学习微课3.0的学生在交流阶段，为了让对方明白自己的意思，会自然而然地出现说理、举例和画图的行为。这些行为还原了知识产生的过程，还原了数学概念被定义的过程，具有弗赖登塔尔所言的"再创造"的意义。

4. 微课2.0和微课3.0引发的"糊涂"，一个指向结论，一个指向过程

学生的"糊涂"我们可以解释为在看完微课资源后，对一些内容（微课中的语言、图示、方法）的不理解或对思考过程中多种方法的犹豫、选择等。Tina的女儿就是对第四种方法还不太理解，倾向于接受第三种方法。又回到上述微课2.0和微课3.0呈现的思考过程有差异上，在微课2.0中，教师会给出规范的说法，教师视角下的表达其实很难贴合学生的思维。同时，微课2.0的进程很快，常常只有不到5分钟的时间。而微课3.0的时间是8分钟～15分钟。所以，看完微课2.0以后，学生常问："是什么？"该问题指向数学概念；而看完微课3.0以后，学生则常问："为什么？"该问题指向思考过程。

需要特别提出的是，不能因为以上发现，就简单地判断微课3.0优于微课2.0，这需要看我们的选择基于什么，从属于哪个目标。

"Tina"们的焦虑我们可以通过线上的积极沟通予以消解。

学生学"糊涂"了带给我们的启示：不同的学习材料，带来的思考过程是不一样的。在新冠疫情期间，线上资源空前丰富的情况下，教师在推荐和选择的时候，需要在明白新课程理念、教材的导向、学习需求的前提下，对线上资源进行合理地选择。学生学"糊涂"了对我们未来教学的启示：如果希望学生经历自然的学习过程，让学生有话可说，真实地分享和交流，最终让数学知识自己长出来，那么，不妨以新世纪小学数学微课3.0为样例，将其理念和做法放到自己的课堂教学里，我们大可以安安心心地让学生"糊涂"一会儿！

"五啃四借"助力"混合式学习"探索

——以四年级下册"探索与发现：三角形内角和"为例

四川省成都市都江堰市团结小学　代益梅

2020 年 9 月，在连续十几次打报告申请成立名师工作室之后，上级终于批准了我们的工作室"执照"。真好！恰好赶上参加"新世纪小学数学第二届全国名师工作室教学设计与课堂展示活动"的"混合式学习"主题活动。

活动的主题是"混合式学习"，既要基于这一主题进行教学设计，还要使用新世纪(北师大版)小学数学教材编写组提供的配套资源微课 3.0 进行教学。设计难度很大：其一，"混合式学习"是一种新兴的学习方式，国内外对它的解读可谓百花齐放，锚定它的特征需要学习大量理论；其二，微课 3.0 是教材主编刘坚教授发起的一次"疫情下的微课革命"，每节微课 8 分钟～12 分钟，选题要充分体现微课 3.0 的优势；其三，活动周期特别长，从报名、选题、设计、展示到答辩，要持续 2～3 个月，在高手如云的各省工作室面前，作为新手，经验匮乏……秉着学习的态度，和团队伙伴携手，在郑大明老师和杜蓉老师的指导下，一步一个脚印地经历着每个环节，最终，我们得到了陕西省教研员田双棉老师的高度评价，还斩获了团队一等奖！细数心路历程，我们团队是怎样以"五啃四借"的方式，来助力"混合式学习"的达成的呢？

一、"五啃"，让教学设计更深入本质

这里提到的"五啃"，即"啃"主题、"啃"课标、"啃"教材、"啃"设计、"啃"微课。相信绝大多数团队都是这么干的，然而比拼的关键是看谁"啃"得更到位，谁"啃"得更深入浅出。

(一)"啃"主题——实现学习方式的充电

我们通过中国知网开启了团队的"啃骨头"之路。检索知网发现：文献题目中含有"混合式学习"关键词的中文文献有 1 654 篇，含有"blended learning"关键词的英文文献 1 088 篇，含有"混合式学习模式"关键词的文献 518 篇，含有"混合式学习理论"关键词的文献 32 篇，其中多为高等院校和中学案例。我们对为数不多的小学案例进行了认真学习、研讨。接着我们研读了《混合式学习——用颠覆式创新推动教育革命》和《混合式教学——技术工具辅助教学实操手册》两本有关

"混合式学习"的专著；学习了《上海教育》关于"混合式学习"的主题专栏文章。

通过学习，我们团队达成对"混合式学习"的共识："混合式学习"并不是"线上学习＋线下学习"的简单混合，而是"学习方式结构"的混合叠加，更是"学习环境""学习资源""学习评价""学习主体"等全方位的融合。通过把在线学习的优势和面对面教学的优势相结合，既充分发挥教师引导、启发和监控学习过程的主导作用，又充分体现学生学习的主体地位，以达成最优化的教学效果。

《混合式学习——用颠覆式创新推动教育革命》一书中认为："混合式学习定义为三部分：在线学习部分、在受监督的实体场所的学习部分、一种整合式的学习体验。"我们认同这样的"混合式学习"定义，于是，教学设计时所呈现的主体结构分为三大板块（如图1）。

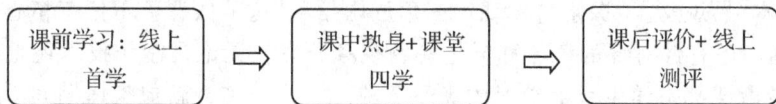

课前学习：线上首学 ⇒ 课中热身+课堂四学 ⇒ 课后评价+线上测评

图 1

(二)"啃"课标——实现目标的精准定位

以前磨课几乎从不看课标，总觉得它太"高冷"。而这次，当纠结于预设答辩问题"'探索与发现：三角形内角和'这一课的核心概念究竟是什么"时，我们在课标中找到了答辩要点的依据，"拎"出了下面三条主线来阐释这一课最核心、最本质的概念。

知识层面：探索并发现三角形的性质之一——三角形内角和等于180°。

能力层面：经历"发现—猜测—验证—运用"的探究过程，通过量、撕、拼、摆等操作活动，收获多样的验证方法，积累数学活动经验。

思想层面：发展学生的推理能力和空间观念。让学生在"猜想—验证"的探索过程中，亲身经历"用合情推理发现结论、用归纳推理证明结论"的推理过程，把动作的逻辑内化为思维的逻辑。

总之，从头到尾，三角形内角和是180°是载体，探究验证是手段，最核心、最本质的是聚焦推理能力和空间观念两大数学核心素养的培养。

(三)"啃"教材——实现板块的深度解读

要"啃"多个版本的教材。除了常见的几个版本，不妨再"啃"一些同一个内容的国外教材，"啃"透教材上每个问题、每道练习题，逐字逐句"啃"透教师教学用书。还要"啃"各版本教材的相同点和不同点，相同点是精华，须细细琢磨：为什么这个板块各版本教材都保留了下来？不同点是特色，哪个版本教材的特色更契合"混合式学习"这个主题的需求？

(四)"啃"设计——实现参考资源的充分拥有

需要注意的是尽可能体现"混合式",可以通过"电子文档＋纸质案例集"混合的方式,也可以通过"文字＋视频"混合的方式,还可以通过"国家资源库(如一师一优课)＋专家名课"混合的方式,全面收集和学习。

(五)"啃"微课——实现优质片段的精准截取

这里要特别提一提怎样"啃"微课。"啃"的是与新世纪(北师大版)小学数学教材配套的微课3.0。国内新冠疫情发生后,由新世纪(北师大版)小学数学教材主编刘坚教授发起并组织教材编委和全国一线教师,开始了艰辛的教材配套微课3.0的制作之路。我们团队4位教师有幸参与其中,不仅经历了对微课脚本撰写本质认识的飞跃,而且学会了深度解读教材中每个问题背后的意图,彻底更新了"以生为本"的观念。"探索与发现:三角形内角和"这节微课,不仅有精心制作的MG动画,还有针对性的练习和学生答题视频分享。无论是制作技术还是内容呈现,这节微课都是学生线上学习的优质资源。于是,结合新冠疫情期间学生线上学习的情况,我们选取了微课3.0"探索与发展:三角形内角和"前4分32秒的片段,作为学生课前在家线上自学的资源,学生观看微课后,根据微课中的测量方法,独立测量出老师发给他们的三角形,并按要求在首学单上填写相关数据,同时提出自己的发现和疑问。设计线下课堂教学时,我们则选取了两个微课3.0片段来使用,第一个片段是"电脑验证误差造成的测量结果不同,以及几何画板验证三角形内角和与它的形状无关",第二个片段是"学生动手折拼和撕拼的规范操作方法"。

总之,我们可以通过"啃"主题、"啃"课标、"啃"教材、"啃"设计、"啃"微课,让教学设计更加聚焦,站位更高,流程更饱满,微课利用更精准,实现"混合式学习"的课堂更优化。

二、"四借",让展示与答辩更游刃有余

"四借",主要是指在团队磨课与答辩过程中的"借"经验、"借"工具、"借"严谨、"借"特长。

(一)"借"经验——为了少走弯路

报名之初,看到答辩要求,第一次参与的我们不知该从何处下手,我们首先想到的是向"前辈们""借"经验。"前辈们"就是指导过或者参加过基地学校答辩活动的老师。他们都不吝赐教,介绍经验,在电话里"面授机宜"。除了请教"前辈们",我们还查阅了《新世纪小学数学》里的答辩活动组稿,翻阅了新世纪小学数学论坛上的答辩主题帖子,观看了新世纪小学数学群里的答辩回放视频。根据活动的主题和自己的选题,我们"借"经验和文献,少走了弯路。

(二)"借"工具——增加展示的亮度

"借"工具，是指在"课前线上首学＋线下课堂四学＋课后线上测评"三大板块的学习中，我们可以借助信息技术，为课堂展示增加亮度。

开课时，我们运用智慧教室的即时反馈系统，请学生用反馈器投票，汇总学生测量的三角形内角和的结果，统计发现规律——三角形内角和是180°。课堂练习时，也用反馈器完成每道题目的测评，即时反馈学情，达到基本的保底。

课堂中，我们选取两个微课3.0片段"电脑验证误差造成的测量结果不同，以及几何画板验证三角形内角和与它的形状无关""学生动手折拼和撕拼的规范操作方法"。学生分小组展示汇报时，我们用 HiTeach 的"即时影像"功能，用手机取代实物投影，把学生分享的摆拼、撕拼、折拼方法投屏到一体机上。

运用规律的环节，我们设计了一张课堂学习单给学生进行练习，学生当场用反馈器投票。

在课后测评环节，我们用问卷完成客观题和主观题的练习，回收试卷45份，在没有批改主观题的情况下，客观题总分30分，全班平均分24.13分。

"混合式学习"的模式之一，就有翻转课堂，要想充分实现"混合式学习"的优势，更加离不开信息技术在线上线下的环境支撑。

(三)"借"严谨——保障学术品质

要向指导老师和点评专家"借"严谨。在这次的答辩活动中，我们的指导老师郑大明，自始至终对我们的答辩稿严格把关，多余的文字、不够严谨的表达，都一一指出来，并经常敲打我们行文要严谨。尤其是他在听完第二场基地答辩活动专家点评后，让我们进行讨论和自查，看看答辩稿里有没有知识理论性错误。自查发现，我们的稿子里还真有把"不完全归纳法"写成了"完全归纳法"。呀！幸好郑老师提醒得及时。

(四)"借"特长——熔炼混合式小分队

在组建、磨砺、展示答辩团队时，要向大家"借"特长，达到熔炼"混合式学习"小分队的目的。团队中每个人都有各自的特长，如果在活动过程中，能够各展所长，岂不美哉？

我们团队4位老师，李勇老师上课、磨课、制作课件是一把好手，胥平老师后勤服务风风火火、雷厉风行，黄萍老师上课、磨课、整理设计不赖，我则擅长统筹安排和灵活应变。于是一个个完美的细节在大家各自手中呈现出来：李勇老师实在看不下去我自制的"丑陋"三角形学具，在家设计、裁剪出大批量精美的彩色三角形，供我们磨课使用；试讲刚结束，黄萍老师便默默、高效地整理好教学设计流程二稿，发给我上传论坛；等等。

答辩时，我们对出场顺序进行了精心的安排，依照每个人的特长进行答辩分工。擅长文字书写的，就把经大家讨论出来的答辩预设问题答案整理出来，交给擅长制作 PPT 的；反应敏捷的负责对方追问的回答；风格犀利的负责向对方提问……当然，不论预设问题的答辩，还是追问问题的答辩，提前做好充分的答辩预设，才是答辩顺利进行的保障。

第一次参加新世纪小学数学的主题答辩活动，便遇见了"混合式学习"，感谢打造交流平台的导师们，感谢指导老师们，感谢全体辩友，感谢我们自己——以"五啃四借"的方式，助力"混合式学习"的探索。

"混合式学习"，让深度学习成为可能
——以五年级下册"平均数的再认识"为例

辽宁省大连市瓦房店教师进修学校　栾晓婕

"混合式学习"，作为一种学习方式，是将在线学习和传统学习的优势结合起来的一种"线上＋线下"的学习，在 2020 年被广泛提及，更是成为"新世纪小学数学第十五届基地教学设计与课堂展示活动"的主题。"混合式学习"方式如此热门，部分原因是新冠疫情时期的需要与教育技术的深入发展，但更多是因为数学深度学习的需要。如何通过"混合式学习"，使深度学习成为可能，我们以新世纪(北师大版)小学数学教材五年级下册"平均数的再认识"一课为例进行了摸索与实践。

在大数据时代，能正确分析处理数据是现代人应该具备的素养之一。"平均数的再认识"就是基于这样的目的被选入教材，它是学生在四年级初步认识平均数，能用自己的语言解释其实际意义的基础上进行教学的。通过问卷调查我们发现，虽然学生已经会计算平均数，但是也仅仅止于计算的层面，学生平日很少关注平均数，不能用数学的眼光即平均数的知识去发现问题，分析问题，对平均数的代表性、灵敏性的理解更是非常欠缺。

因此，本节课的重点是体会平均数的代表性和灵敏性，积累数据分析和数据处理的经验，这也是本节课的难点。我们的目的是发展学生的自主学习能力，引导学生对平均数特性真理解、真感悟，将本节课知识纳入旧知识的结构中，运用平均数的特性解决问题，进而促进学生元认知能力和批判性思维等高阶思维能力的发展，实现深度学习。我们借助新世纪小学数学微课 3.0 引入学习过程，设计了"三段三环"的"混合式学习"框架流程。(如图 1)

三段：课前自学、课中释疑、课后延伸；三环：线上学习、线下学习、学情检测。我们的目标是：线上的学习要为线下的学习做好准备；线下的学习要通过思维碰撞促进真实理解；学情检测发挥查缺补漏的功能，让每个学生学而有获！

一、基于微课的课前自学——有备而来，且看且思

如何发挥微课 3.0 的功能？如何让学生带着问题看微课 3.0？我们经过多次实验，确定如下环节。

(1)科学制订预习单。这是重要一环，因为预习单保证了绝大多数学生课前

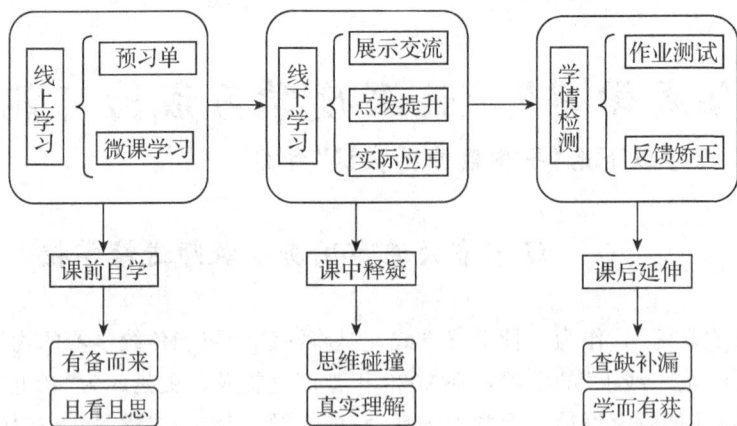

图1

自学的效果。本课的预习单我们结合教材中的问题串设计了这样几个问题：生活中的平均数——免票线的来历；有趣的平均数——猜年龄；学以致用——排名次；我对平均数的再认识……

（2）学生独立试做预习单。这个预习单作为一项作业，发给学生。根据收集的预习单，我们发现学生对预习单中问题的解释五花八门，有大大小小的困惑。

（3）学生自己看微课3.0订正预习单。完成预习单后，我们的数学作业是发给学生微课3.0链接，让学生带着问题有针对性地看微课3.0，同时订正自己的预习单，做到且看且思。第二次收集学生的预习单，我们发现学生能自己订正许多问题，如对"免票线的来历"的理解，学生关注了平均数；"排名次"这一问题学生已经能关注最高分与最低分……当然，也有一些内容学生还是似懂非懂，如对代表性及灵敏性的理解，这也是我们预料之中的。

通过线上学习，学生对于平均数的再认识已经不再陌生，基础知识的部分学生已经通过看微课3.0自主消化了，这些重复、简单的内容就不再需要占据大量的课堂时间，而课堂中就是解决疑难问题，真正做到有备而来！

二、基于深度设计的课中释疑——思维碰撞，真实理解

深度设计是深度学习的前提。深度学习的一个重要特征是知识的深度建构与深度联系。为此，我们在学生自主学习基础上又设计了线下学习即课中释疑的流程图。（如图2）

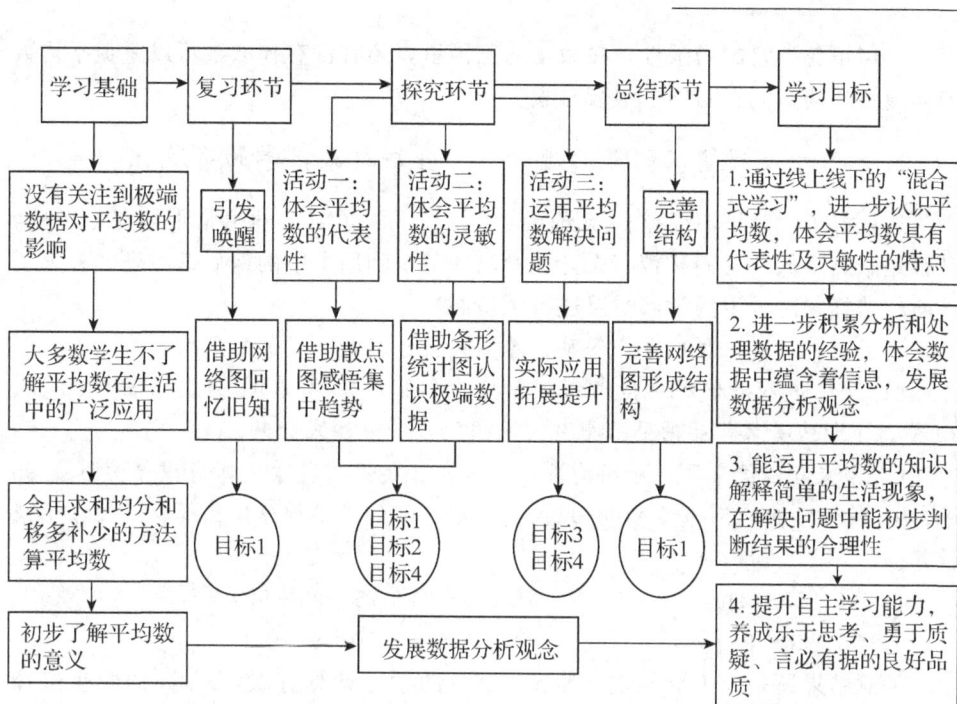

学习基础 → 复习环节 → 探究环节 → 总结环节 → 学习目标

没有关注到极端数据对平均数的影响

大多数学生不了解平均数在生活中的广泛应用

会用求和均分和移多补少的方法算平均数

初步了解平均数的意义

引发唤醒

活动一:体会平均数的代表性

活动二:体会平均数的灵敏性

活动三:运用平均数解决问题

完善结构

借助网络图回忆旧知

借助散点图感悟集中趋势

借助条形统计图认识极端数据

实际应用拓展提升

完善网络图形成结构

目标1

目标1 目标2 目标4

目标3 目标4

目标1

发展数据分析观念

1.通过线上线下的"混合式学习",进一步认识平均数,体会平均数具有代表性及灵敏性的特点

2.进一步积累分析和处理数据的经验,体会数据中蕴含着信息,发展数据分析观念

3.能运用平均数的知识解释简单的生活现象,在解决问题中能初步判断结果的合理性

4.提升自主学习能力,养成乐于思考、勇于质疑、言必有据的良好品质

图 2

1. 复习环节——引发唤醒

我们采用思维导图的方式让学生回忆四年级的时候对平均数的认识:平均数的含义和计算方法。目的是引发学生的回忆,明确新知的生长点。

2. 探究环节——真实理解

微课 3.0 为学生充分预习提供了前提保障,教师如何针对学生自主学习中的疑难问题设计教学环节,成为学生深度理解的关键。我们结合预习单的三个题目,设计了三个活动,让学生充分表达,在思维碰撞中实现对平均数的理解:借助"免票线的来历"体会平均数的代表性;借助"猜年龄"体会平均数的灵敏性;借助"排名次"体会运用平均数特性解决问题。同时对于"代表性""灵敏性"等抽象的词语,一是借助几何直观(如散点图)促使学生关注数据分布特点,感悟集中趋势;二是借助动态条形统计图认识极端数据对平均数的影响,发展学生的数据分析观念。

3. 总结环节——完善结构

深度建构是深度学习的关键,在总结环节,我们又引出思维导图,把本课对平均数的再认识呈现在思维导图中,将新知纳入原有结构中,完善认知结构。同时,为了激发学生对数学的探究欲望,我们鼓励学生:生活中平均数的应用大量存在，但不免有它的局限性，在数学的王国里，还有没有什么数可以避免平均数的局限性？同学们不妨回去继续探索！

三、基于反馈矫正的课后延伸——查缺补漏，学而有获

过程好了，结果不会差！经历了线上与线下的学习，学生是否经得起考验？是否是眼高手低？我们又精心设计了检测环节，利用书中的课后练习题并补充了下面的选择题对学生的学习情况进行了检测。

下面两种情境，我们选择哪种计算方式更合理？说说你的理由。

(1)五位评委给小明的美术作品评分，分别是95分、91分、75分、99分、90分，小明的美术作品的最后得分应采用(　　)方法来计算。

(2)期末考试结束了，小明的数学、语文、英语、科学、体育成绩分别是95分、91分、75分、99分、90分。他这次期末考试的平均分应选择(　　)方法来计算。

A. $(99+95+91)÷3$　　　　　B. $(95+91+75+99+90)÷5$

C. $(75+90+91)÷3$　　　　　D. $(99+95+90+91)÷4$

检测结果还是令人欣慰的，全班 4.8% 的学生计算有误，2.3% 的学生选择有误，其余学生可以说学得扎实，学得深刻，学而有获！当然，针对个别学生的错误，我们发挥学生的互助功能，已经将错误消失殆尽！

对于"混合式学习"，想说爱你不容易！它需要发挥教师对学情的把握，发挥教师对教材的理解，发挥教师对预习单的设计及课堂的深度建构，才能实现深度学习！新世纪(北师大版)小学数学教材编写团队精心制作的微课 3.0，为实现深度学习提供了有力支持。我们有理由期待"混合式学习"让深度学习成为可能！"混合式学习"一定会让我们的数学课堂更精彩！

如何使用新世纪小学数学微课3.0

广西壮族自治区桂林市乐群小学　罗定玲

微课是近几年新兴的一种学习资源，受到广大教师和学生的欢迎，但我真正接触微课并喜欢上微课是在2020年2月，那时候正是新冠疫情的高发期，学校延期开学，各地区要求学校"停课不停学"，开展线上教学活动。从那时候起，我带着学生走进了新世纪小学数学微课3.0，切身感受到了新世纪小学数学微课3.0带给我的帮助。新世纪小学数学微课3.0不同于以往的微课，以往的微课是教师基于PPT的讲授，缺少学生活动，比较枯燥。新世纪小学数学微课3.0包含完整的课时内容，时长适合，动画生动活泼，重点和难点突出，以教师引导、学生互动的方式展开教学，能激发学生的学习兴趣，学生愿意看微课进行学习。新世纪小学数学微课3.0让我们的学生在新冠疫情期间真正实现了"不停学"。不仅如此，在线下的课堂教学中，我也会根据教学内容的特点适当穿插新世纪小学数学微课3.0，为自己的课堂增添光彩。下面我将结合自己的使用经验谈谈我是怎样使用新世纪小学数学微课3.0的。

一、课前使用

为了培养学生自主学习的能力，我会经常布置预习任务，这个时候新世纪小学数学微课3.0就起到了很好的作用。在布置利用微课3.0预习之前，我先对学生进行微课学习的指导，让学生学会如何使用微课，避免让微课成为灌输知识的工具。预习应该是带着问题开展的，是要有思考的，同时也是要有操作的。因此，我会在预习之前给学生布置预学清单，明确目标和任务后，让学生自主预习，并把疑问或者困难记录下来，再通过微课学习进一步完善自己的预学效果。

有了每个课时的预学清单和新世纪小学数学微课3.0，学生的自学效果显著提高。

二、课中使用

新世纪（北师大版）小学数学教材中每个课时都设计了一个情境，并通过问题串在情境中展开教学。在备课时我常常在想，如果能让情境活起来，学生的对话动起来，那该有多好。于是，我在课堂上新课导入环节，选择了播放新世纪小学数学微课 3.0 中的情境对话。记得在教学二年级上册第六单元中"课桌有多长"一课时，教材中仅仅展示了两名学生用"拃"作为工具测量课桌的长，我认为这不能很好地体现统一测量标准的必要性。而这个课时的新世纪小学数学微课 3.0 正好设计了一个有趣的动画故事来说明这点，于是，我果断地将这个动画故事片段导入我的课堂，学生听得津津有味，也悟出了其中的道理。

新世纪小学数学微课 3.0 结合学生生活实际，从学生经验出发，设计教学情境，很容易引起学生共鸣，满足学生的认知需求。在课中，灵活播放微课片段，尤其是一些操作性比较强的单元，视频中学生的奇思妙想和动手操作，都能让课堂上学生的思维跟着动起来。记得在教学二年级上册第六单元中"教室有多长"一课时，我首先让学生讨论用什么测量工具，小组里纷纷发表意见，当我通过新世纪小学数学微课 3.0 展示视频中学生的选择时，同学们兴奋起来了，因为他们发现视频中的学生和他们选择的工具一样，感到很自豪。看着学生满心欢喜，我布置了合作测量的任务，由于学生多，教室空间有限，我分的小组人数比较多，很难做到每个人都参与测量教室的长。为了丰富学生的体验，我把微课 3.0 视频中学生的各种操作分享给他们，同学们纷纷发言，有的说自己小组在测量时存在的问题是工具没摆好；有的说他们没有做标记，数的时候容易错；有的说他们选的工具太小了，量得很慢；还有的很骄傲地说他们的方法和视频中的学生不一样。仅仅是一个微课片段的分享，就能让学生发起讨论，带动学生的思绪，激发他们的学习兴趣。那节课，我表扬了学生会倾听，会学习，会学别人的方法解决自己的问题，还夸他们想到了视频中的学生都没想到的办法，增强了学生的自信心。在使用新世纪小学数学微课 3.0 时，我充分发挥了"暂停一下"的作用，及时停止播放，把课堂交给学生，让学生独立思考，小组合作，再通过播放微课 3.0 学生的操作片段，丰富学生体验，引起共鸣，总结经验和不足，学生的学习兴趣很浓厚。

总之，在课中，要根据自己的教学内容，结合教学特点运用微课，截取适合的片段辅助教学，弥补传统教学的不足，为教学增添光彩。

三、课后使用

新世纪小学数学微课 3.0 还有个特别好的地方，它设计了每个单元的单元复习。在我执教的班级，有些学生听课效率很低，在课堂上学习效果不理想，我会借助新世纪小学数学微课 3.0 让学生进行课后复习巩固。通过线上、线下相结合，学生的基础知识更扎实。例如，在学习二年级上册"购物"这个单元时，由于学生生活经验缺乏，对人民币的认识不够深，除了课上利用学具给学生更多的体验以外，课后布置观看微课巩固知识，学习视频中的学生的做法，学会自己梳理单元知识点。

有的学生通过观看新世纪小学数学微课 3.0 中的单元复习，学会了制作思维导图（如图 1）；有的学生学会了制作数学小报，通过不同方式对知识进行整理（如图 2）。

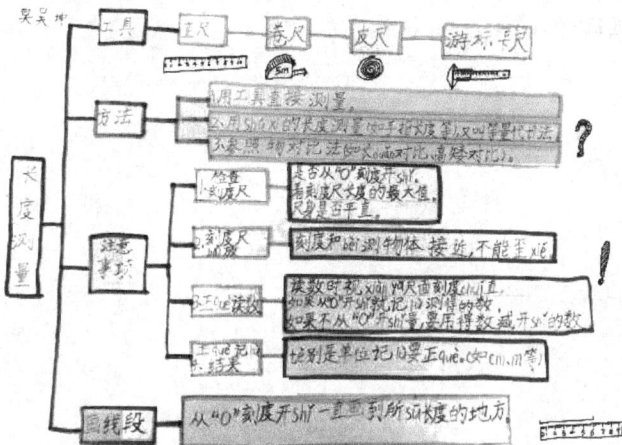

图 1　学生自制思维导图进行单元复习

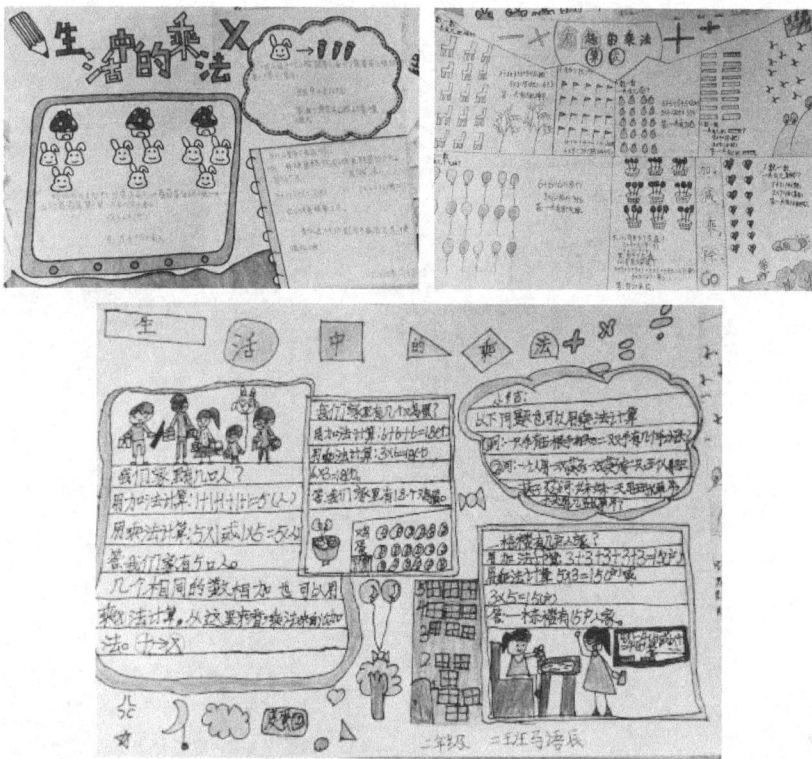

图 2　学生收集生活中的乘法问题并做成数学小报

非常感谢新世纪小学数学微课 3.0，它的出现给我们的教学提供了很大便利，也给学生的学习提供了很多有意义的素材，在今后的教学中，我会继续推广新世纪小学数学微课 3.0，充分挖掘它的价值。

让"微"风吹进课堂

——初探微课在小学数学自主学习中的应用

浙江省义乌市北苑小学　何　峥

　　线上教学主要通过直播的形式展开。隔屏交流，意味着教师不能及时掌握学生状态，更多考验的是学生自主学习能力。很多时候会出现这样的情况：教师滔滔不绝，神采飞扬；学生紧盯屏幕，形态万千。怎样打破线上教学时教师唱独角戏的状态？怎么才能让学生的自主学习更高效呢？

　　微课是个很好的突破口。微课是指基于教学设计思想，就某一科目的某一知识点进行讲解。通常，一节微课就是一段小视频，时间为 5 分钟～10 分钟，学生可以随时随地利用手中任何移动设备观看，还可以根据自身掌握的情况暂停和重播。与传统课堂教学相比，微课的形式更为灵活，内容更加有趣，知识的针对性也更强。学生通过独立学习、思考探索、质疑创新，唤醒内心的学习需求，培养自主探索的学习品质，提高自主学习的能力。

　　在小学生数学学习过程中，微课，不仅可以帮助学生在自主学习中获得丰富的学习资源，还可以有针对性地查漏补缺，让每个学生获得不同程度的发展。在小学数学教学过程中，恰当使用微课，能弥补课堂教学的缺陷，拓宽教学的时空，实现自主学习，合作学习，从而提高教学效果。

一、借用微课预习，唤醒自主学习的潜力

　　养成良好的课前预习习惯，对学生未来的数学发展意义重大。我改变了以往看书本文字预习的形式，让学生通过微课视频预习，那些在书本上静止的文字，在微课中变得有趣生动、通俗易懂。学生在正式上课前对知识有所了解，就不会带着空白来到课堂，从而提高了学生在课上的参与度，对激发学生自主学习的潜能起到了事半功倍的效果。

　　例如，有一次线上教学"长方体的认识"一课。这一课时属于"图形与几何"领域的内容，本身就较为抽象难懂。再加上是线上教学，隔着屏幕操作起来极为不便，学生更多的是通过死记硬背来记住长方体和正方体的基本特征。这对于接受能力较差的学生来说，无疑又增加了"背"这一任务。如何能够让学生避免通过死记硬背来掌握长方体和正方体的特征？如何正确利用这些特征解决实际问题呢？

我要求学生借助微课先进行预习。

（1）引入：以鸟巢、水立方、魔方等生活物品作为引入，最大限度地吸引学生的注意力，引出本课的探究内容——"长方体的认识"；

（2）初识：学生跟着微课经历看一看、摸一摸、找一找、数一数的过程，在实际操作中初步认识长方体和正方体点、棱、面的特征；

（3）初探：微课动态展示长方体相对的面，并展示其中有两个面是正方形的长方体等，以此明确长方体的面有长方形也有正方形等难点。

学生在进行微课学习时，可以随时按下暂停键，直到把这一知识点理解吸收后再继续下一板块的学习。不同学生的理解和接受能力有差异，随看随停的微课符合不同学生的认知水平，更有益于激发学生自主学习的潜力。

学生课前观看微课，自学长方体和正方体的特征，并通过"学习任务单"来检测预习情况，事先扫清基础性知识障碍。在正式上课时，学生就会在互相交流时碰撞出更深层的火花：有两个面是正方形的长方体中有几个面是相同的？有几条棱是相等的？在用小棒搭长方体或正方体时需要注意什么……学生有了困惑，就能带着问题驱动自己在课中的学习。

二、巧用微课提问，激活自主学习的动力

"一石激起千层浪。"问题是数学的心脏，只有把学生置于问题情境中，才能促使他们主动地去思考、去探究、去发现。在教学中，巧用微课提问与教师直接抛出问题相比，学生很显然对前者更感兴趣。当学生从心底接受学习，有了疑问时，便会以最佳状态投入到学习活动中，从而激活学生心底潜藏的自主学习的动力。

例如，在教学"植树问题"时，我这样提问："要在一条 16 米长的小路上栽树，两端都栽，每隔 4 米栽 1 棵，能栽几棵？"这题的答案为：16÷4＝4（段），4＋1＝5（棵）。在解题过程中我发现一个现象：两端都栽的情况下，棵数比间隔数多 1 这一知识点很多学生都能说出来，但是学生知其然却不知其所以然，对于为什么棵数比间隔数多 1 这个问题，学生并没有清晰的认识。因此，在课上我利用微课及时反问："你知道为什么棵数比间隔数多 1 吗？你能想办法解释吗？"

紧接着，利用微课演示棵数和间隔数的关系，配上线段图演示栽树，并在线段图上一一出示箭头，演示 1 棵树与 1 个间隔相对应，4 棵树和 4 个间隔一一对应，最后多出 1 棵树，由此渗透"一一对应"的数学思想。在此基础上继续提出问题：如果是 24 米、32 米……的小路，能栽几棵树呢？请学生猜一猜，并画图验证。在微课的最后，提出让学生思考"在 100 米的小路上植树"的问题，并引发学生自主探究两端都不栽和只栽一端的情况下我们该如何解决问题。

就这样，微课成了学生数学思维的启发者。学生在经历观察、操作、分析、推理和想象的过程中，发展了模型思想和推理能力等数学核心素养，自主学习效率大大提高。

三、善用微课延伸，丰富自主学习的活力

数学的学习不仅仅是课内、校内的学习，同时也要向课外、校外延伸。忽视课内、课外活动的有效结合，数学的教学就会止步于学校，无法将数学和生活联系起来，教学的成效将大打折扣，无法完全体现数学教学的意义。而且课堂时间有限，教师不可能将所有知识都面面俱到地呈现在学生面前，也不可能每个知识都讲得滴水不漏。同时，学生的知识水平和生活经验都各有差异，这就导致课堂教学难以照顾到每一位学生的学习需求。所以，我们有必要利用微课设计并组织丰富的课外活动，实现课堂教学的课外拓展延伸。

例如，在教学"百分数"的知识后，我录制了一个拓展微课：利用百分数的知识解决生活中的打折问题——以商场里衣服打折销售为例。并提出延伸要求：请按照微课中介绍的方法，找一找生活中还有哪些打折问题；仔细观察都是怎样打折的，并根据打折信息编写数学问题，分析后作出解答。让学生课后观看微课，完成作业。

不难看出，在这一过程中，微课代替教师在课后发挥了重要作用，借助微课将数学融于生活，让生活充满数学，实现了教学的课外延伸。

四、妙用微课梳理，提升自主学习的能力

新课是对某一个知识点的理解和掌握，是片段式的学习，而复习课则是对一个单元或一个系统的知识的梳理和应用，是知识串的学习。在实际教学中，很多教师往往会把整理复习课变成了机械的练习课，学生盲目重复做题，仅仅只是对知识的零散练习和记忆。对学生而言，获得梳理知识、建构知识脉络的能力比知识本身更为重要。那么，在学生基础参差不齐的情况下，如何让每一位学生在复习阶段都有不同的收获，从而提高复习的效率呢？

以"长方体的认识"单元复习为例，在线上教学期间，对着屏幕整理复习相对来说效果并没有想象中那么好。因此，我录制了有关长方体认识的知识点归纳的视频供学生观看学习，学生在整个梳理的过程中，有意识地重点选择自己的薄弱知识点进行观看。在此基础上，再录制一个相关知识的几个典型易错题的微视频给学生观看。如此一来，一方面，学生轻松地获得了丰富的学习资源，并能根据自己对知识的掌握情况反复看，有针对性地看；另一方面，更有利于家长在家中很好地掌握孩子的复习情况，及时查漏补缺。

回到课堂，学生不再是一团乱麻，每个人都带着对知识的梳理和还没解决的疑问来到课堂。学生通过汇报分享自己所得，并通过说题与同学分享解题思路和方法，教师采取补充点评的形式来进行教学。此时的互动不再单一，而是生生之间，师生之间，课内、课外之间的多维互动。这些都得益于微课的辅助学习，使得学生自主学习的能力得到进一步提高。

微课就像一缕微风吹进了现代数学课堂，它极大地丰富了数学课程素材，拉近了教师和学生之间的距离，打破了课内和课外的界限，实现了线上和线下的整合。微课在小学数学教学中的运用契合了小学生的学习特点，丰富了数学课程的表现形式，也拓宽了学生的学习方式，为教学注入了新的活力，促进了学生有效自主学习。

【参考文献】

[1]斯苗儿.基于教学设计，把微课融进日常课堂——关于微课在小学数学课堂中应用的几点思考[J].小学数学教育，2014(11)：3—6.

[2]张春娇.初探微课与小学数学课堂的整合[J].课程教育研究，2019(13)：131—132.

[3]才让当智.基于微课的小学数学高效课堂的构建[J].科学咨询(科技·管理)，2019(12)：247.

[4]郭小平.利用微课优化小学数学教学的思考[J].学周刊，2019(8)：149.

爱上数学，从阅读开始
——微课3.0"数学阅读"课程分析及使用策略探究

四川省成都市茶店子小学　王凤萍

微课3.0中引入了"数学阅读"课程，开拓了学生的视野，引导学生关注数学的视角从课内拓展到课外，从教室拓展到生活，突破了数学知识抽象性和小学生思维形象性之间的矛盾，受到了广大师生的热烈欢迎。本文将结合微课3.0"数学阅读"课程的特色，对如何有效地开展阅读教学活动，培养学生的数学阅读能力及阅读兴趣，进行研究和探讨。

一、"数学阅读"课程的特点

1. 进行情境式学习的很好载体

微课3.0中，每一节阅读课都有一个完整的数学情境。学生在阅读的过程中，充分调动已有的生活经验和数学认知基础，和主人公一起经历一次精神旅行。

阅读时，学生会预测情节发展——锻炼想象能力、逻辑思维能力；会帮助主人公解决遇到的问题——巩固数学知识，发展应用能力；会联想起自己在生活中曾遇到的类似问题——锻炼寻找规律、迁移类比的能力；会想象今后的生活中，在哪些时候可能会遇到这样的问题，应该怎么解决——培养抽象建模、举一反三的能力……所以，数学阅读的过程，就是学生在情境中培养、锻炼深度思考和深度学习能力的过程。

2. 与教材知识体系有着密切的联系

以一年级下册教材为例，在第一单元"加与减"中，两节阅读微课"进城购物"和"一起玩"，都是在解决本单元学习的20以内数的退位减的问题；在第二单元"观察物体"中，微课"寻找消失的爸爸"描述了各种"从不同的方向观察物体，看到的形状可能不同"的情况。其他的单元也都如此，在内容上和教材的契合度非常高。

3. 有很多实用的"阅读小贴士"

例如，"一起来探索"帮助学生从故事情境中提炼数学知识、解决数学问题；"温馨提示"会给学生的操作活动提供建议；"课后问题"让学生对阅读过程及收获进行回顾，并思考如何在生活中运用。这些"阅读小贴士"同时兼具了"授人以鱼"和"授人以渔"的作用，在帮助学生读懂一本绘本的同时，也在潜移默化中教会了学生阅读数学绘本的正确方法，进而培养了学生在生活中观察数学现象、运用数学知识的能力。

微课 3.0 的"数学阅读"课程，正是由于其情境生动有趣、与教材关联密切、指导性强的特色，从而具有广泛的适用性。我们既可以在课堂中使用——配合与阅读内容相关的学具、教具，师生一起边阅读、边思考、边探究，享受阅读和数学带来的双重乐趣；也可以延伸到课外，作为家庭作业——学生自主观课，在家中开展有创意的探究和发现。

下面，我将结合具体课例，谈一谈如何利用微课 3.0"数学阅读"课程开展课堂教学。

二、"数学阅读"课程的运用——以《孤单的阿乔》①为例

【课程内容】

《孤单的阿乔》讲述了昆虫王国二十五中队的小蚂蚁阿乔，准备参加列队表演，表演的要求是每队士兵数必须一样多。第一天、第二天、第三天，二十五中队的 25 个士兵分别排成 2 列纵队、3 列纵队、4 列纵队，排在最后的阿乔都因为当了余数，被孤零零地剩下了。第四天，25 个士兵排成了 5 列纵队，没有余数，阿乔终于能够参加列队表演了。

【学习目标】

①通过除法计算，预测阿乔是否能参加下一次列队表演，激发学习兴趣，获得成功体验。

②通过对阿乔多次被剩下的遭遇，加深对余数的认识，培养同情心。

③能够在阅读中发现问题、解决问题，体会数学阅读的方法。

【教学方法】

以问导学。在微课播放过程中，适时暂停，让学生围绕问题展开数学思考及探究活动。

【教学环节】

环节一：猜测。

看封面猜一猜，阿乔为什么会觉得孤单？这本数学绘本可能和什么数学知识有关？学生可能会想到单数，也可能会想到余数。在猜测的过程中唤起已有的知

---

① 埃莉诺·皮赛兹著．邦妮·麦凯恩，绘．孤单的阿乔．杨迪，译．北京：科学技术出版社，2013.6。

识体验，发展想象能力，体会带着问题去看书的阅读策略。

环节二：预测。

第一次预测：25名士兵排成2列纵队参加列队表演，排在最后的阿乔被剩下了。

晚上，孤单的阿乔心想，如果多排一列，明天是不是就可以参加表演了？此处暂停，让学生帮忙预测："明天阿乔能参加表演吗？想好之后不要说出来，把答案藏在心里，继续看课，是否和你想的一样？"

此处的预测有3个目的：①培养发现问题、解决问题的能力；②有余数除法计算的应用；③激发学习兴趣，获得成功体验。而预测之后把答案藏在心里，不分享、不汇报，是为了避免少数学生的思考代替多数学生的思考，部分学生的思考代替全体学生的思考。将课堂节奏压慢一点，让落在后面的学生慢慢经历这个"悟"的过程。

第二次预测：25名士兵排成3列纵队，阿乔能参加表演吗？

第三次预测：25名士兵排成4列纵队，阿乔能参加表演吗？

你有什么发现？

环节三：推测。

25名士兵排成5列纵队，阿乔终于能参加表演了。故事到这里快结束了，可是，我们可以暂停一下，给它加个悬念。

推测一：如果明天二十五中队继续表演，他们会排成几列纵队呢？阿乔能参加表演吗？学生有可能说会排成5列纵队，因为这样没有余数，大家都可以参加。学生也可能说会排成6列纵队，因为他们每天都增加1列纵队，明天该排6列纵队了……只要学生解释合理，都给予肯定，鼓励学生从不同的角度思考问题。

推测二：原来，明天是二十六中队的26名士兵参加表演，他们会产生"余数"吗？让学生开展小组合作，对各种可能进行充分的探究，并归纳总结出所有会产生余数的情况及不会产生余数的情况，培养学生缜密思维的能力。

总之，在课堂教学中，应利用好师生之间、生生之间便于互动的优势，引导学生去猜测、联想、探究，多抛出一些综合性的问题，让学生能带着思考去阅读，阅读之后能有所反思和回味；让阅读的思维含量更高，数学味更浓；让学生从爱上阅读开始，爱上数学！

"混合式学习"思与行

——以六年级上册"圆的认识(一)(试一试)"教学为例

天津市河西区上海道小学　范莎莎

今年有幸参加了"新世纪小学数学第十五届基地教学设计与课堂展示活动""混合式学习"主题专场活动。从确定课题六年级上册"圆的认识(一)(试一试)"开始,团队就一起开始了历经几个月的学习、研究之旅。一次次地学习,一次次地探讨,一次次地试讲,又一次次地修改,整个过程是痛并快乐、不断付出与成长的。正是不断地学习与研究,让我们对"混合式学习"这一课题有了更加深刻的理解与认识。

"圆的认识(一)(试一试)"这节课最核心、最本质的内容是"以问题为导向",经历观察、猜测、思考、归纳、验证等活动,解释"车轮为什么是圆的"这一生活现象,进一步认识圆的本质特征,从而培养学生的问题意识、探究意识、合作交流能力,以及运用所学知识解决实际问题的能力。经过实践,我们认为采用"混合式学习"方式有助于学生理解核心概念,下面结合本节课的教学设计进行具体说明。

一、教材分析

车轮为什么是圆的呢? 同桌合作做一做,想一想。

● 分别用硬纸板做成下面的图形,代替车轮。

● 小组合作,将做好的硬纸板"车轮"沿直尺的边滚一滚,描出 A 点留下的痕迹。

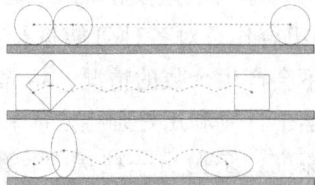

为什么圆心的痕迹是直线?

● 说一说,圆和其他图形有什么不同?

4.淘气设计了下面 4 种自行车的车轮,骑上这样的自行车会怎样? 用硬纸板做成下面的图形,试着滚一滚,并与同伴交流。

图1

如图 1，教材设计了三个活动，实际上是探究活动要经历的步骤。

活动一是准备操作材料；活动二是通过比较不同形状的车轮滚动过程中中心点到地面的距离变化，理解车轮为什么是圆的，体会圆在生活中的应用；活动三是一个思考活动，目的是在解释"为什么圆心的运动轨迹是直线"的基础上，明确各个图形的特征，进一步体会圆的本质特征。而"练一练"第 4 题是延续活动，让学生观察正多边形在滚动中中心点留下的痕迹，进一步体会各个图形不同的特征。

二、学情分析

为了了解学生关于活动问题的认识情况，我们进行了课前测。发现车轮是圆的这个现象是学生公认的一个结论，但仅有极少数学生能运用圆心到圆上各点距离相等来解释，几乎所有的学生都想知道车轮做成圆形的原因，也对圆以外其他形状的车轮比较感兴趣。统计结果如表 1。

表 1

测试对象	人数	对于车轮为什么是圆的自然现象能进行解释			对本节课后续的需求	
		肯定现象，说不出原因	圆容易滚动	运用圆心到圆上各点距离相等来解释	想知道圆以外其他形状的车轮运动起来是什么样	想知道车轮做成圆形的原因
六年级学生（平行班 83 人）	人数	5	74	4	76	83
	百分比/%	6.0	89.2	4.8	91.6	100
六年级学生（实验班 80 人）	人数	6	70	4	78	80
	百分比/%	7.5	87.5	5.0	97.5	100

三、我们的思考

基于教材和学情，按照教材呈现的方式开展操作活动，学生可以在操作、观察与交流中体会各个图形不同的特征及"车轮做成圆形"的道理。但是学生单纯使用学具操作实验，感受不够真切，也不够充分。

四、我们的设计

如图 2，我们将微课、互联网资源、AR 技术等多种资源与课堂学习有机融合，采取独立思考、小组合作、师生交流的方式，促进学生更主动、高效地学，教师更省力地教。

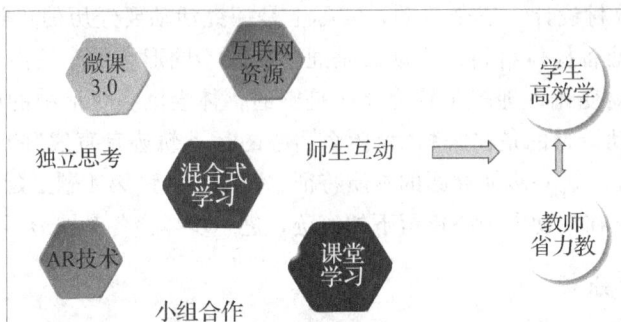

图 2

1. 微课引入，提出问题

微课 3.0 中提出的问题与课前调查时学生提出的问题不谋而合，说明这个年龄段学生都存在同样的疑惑，问题具有普遍性和代表性，能快速激发学生的学习兴趣，使其产生学习共鸣，自然地引入本节课要研究的问题。（如图 3）

图 3

2. 猜测实验，初步感受

先让学生猜想不同形状的车轮行驶起来的样子，然后鼓励学生用学具进行模拟实验，再观看真实车辆行驶视频来验证猜测，感受更真实、更立体，自然而然地接近问题核心，即研究不同图形的中心点的运动轨迹。（如图 4）

图 4

3. 合作交流，探究奥秘

学生通过小组合作，描画出四种形状车轮中心点的运动轨迹，并在观察、比较、分析和讨论中揭示车轮做成圆形的奥秘。再运用微课 3.0，快速、生动地把知识具体化，顺利突破了本节课的重点、难点。（如图 5）

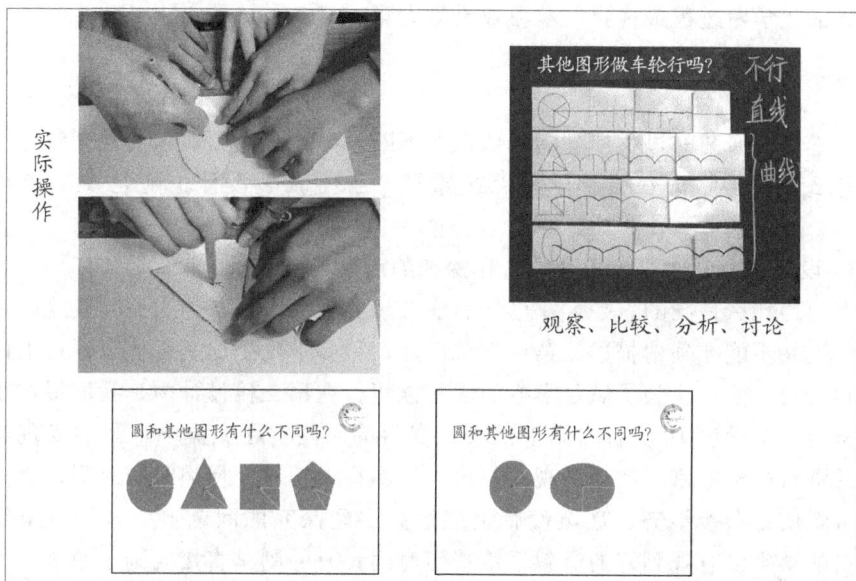

实际操作

其他图形做车轮行吗？ 不行 直线 曲线

观察、比较、分析、讨论

圆和其他图形有什么不同吗？

圆和其他图形有什么不同吗？

图 5

4. 技术协作，巩固拓展

学生利用 AR 技术描画出多个正多边形中心点轨迹，再通过微课 3.0 快速、直观地加深体会，渗透极限思想，使思想更具延展性、深度性。（如图 6）

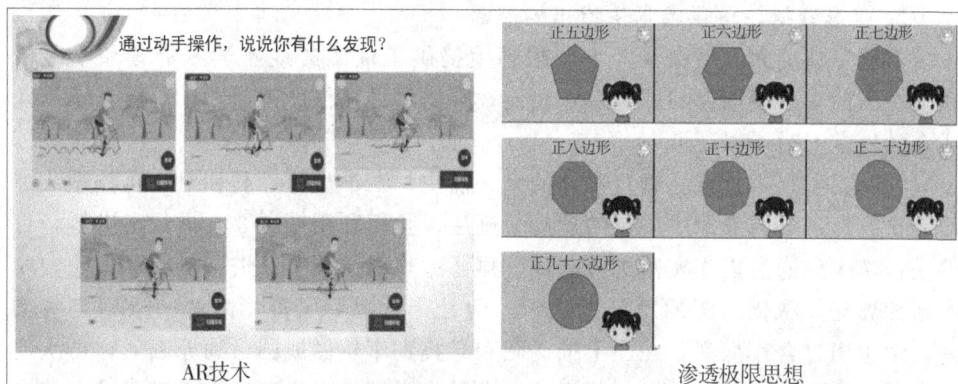

通过动手操作，说说你有什么发现？

正五边形　　正六边形　　正七边形

正八边形　　正十边形　　正二十边形

正九十六边形

AR技术　　　　　　　　　　渗透极限思想

图 6

5. 想象回顾，总结延伸

学数学的最终目的是用数学，利用微课3.0恰当地引发学生进一步思考：怎样实现用其他形状做车轮，激发学生的创新思维。

我们认为，学习方式的混合，不是简单的拼凑，只有恰当的选择，并达到融合，才能让学习过程最优化，学习效果最大化。

五、我们的改变

在学习、研究的过程中，随着认识的不断提高，我们更加深刻地理解怎么教比教什么更重要，怎么学比学什么更重要，于是教学设计也随之发生了很多改变。

1. 设计适合学生深度思考、合作探究的活动

车轮为什么是圆的，是大家已经达成共识的生活常识，但当被问及这个问题时，学生并不能准确地描述。第一次试教后，很多学生提出是否可以通过上网查找资料来获取信息。为了满足学生的学习欲望，在第二稿设计中，我们提供了这样的机会，给学生10分钟自由上网查找资料的时间。在交流中，我们发现学生查找的资料虽然丰富，如动画视频、论文、图释说明等，但因时间有限，大家呈现的资料质量参差不齐，甚至没有更多地关注到探究的问题上，这是本末倒置的。有的学生没有找到好的资料，浪费了时间；有的则是直接找到了原因，但不是自己探究得到的，形同于被告知，这些都不利于学生进行深度思考。再者，这样的交流活动让原来计划的10分钟变成了17分钟，影响了后面真正进行探究的时间。于是，在第三稿设计中，我们将学生自由上网查找资料的环节，改为"学生猜想—模拟实验—观看视频验证"，使学生的感受更加真实、立体，从而促使学生进行深度思考、合作探究。

2. 精选素材，提供给学生恰当的资源

新冠疫情期间，微课3.0为全国师生提供了优质的线上学习资源和学习模式，在当前学生逐渐回归课堂后，我们教师仍然可以借助微课3.0进行教学设计或在学生学习时予以帮助。

"圆的认识（一）（试一试）"设计的第一稿中，在学生描、画和对比车轮做成圆形、正方形、椭圆形时中心点的运动轨迹后，我们利用微课3.0进行了讲解，目的是让学生先通过操作实验进行验证，再通过观看微课3.0进一步揭示车轮做成圆形的奥秘，深化对圆的特征的认识。但是，试教后发现，微课的运用有些重复，学生通过合作探究，在图上描、画和寻找到车轮做成圆形的原因后，再次观看微课，这种简单的重复没能很好地激发学生学习的兴奋点，也没有思维上的提升。课后，团队共同研讨，决定删去重复的微课的使用。

同时，我们发现，利用 PPT 演示正多边形边数越多越趋近于圆，渗透极限思想的效果不够理想，反而是微课 3.0 中这部分刚好适用，于是在这里增加了一次微课的使用。

最终，我们在设计的第三稿中使用了四次微课，每一次都是在微课 3.0 中进行精心挑选的"局部微课"，四次使用的微课 3.0 都截取得恰到好处，能有效激发学生的学习兴趣，促进学生深度思考，提升学习效果，助力学生学习。

3. "授之以鱼"还要"授之以渔"

参加教学设计和课堂展示活动中，通过向其他参赛团队的学习，认真倾听专家的点评，让我们更加清楚地认识到学习活动设计的核心点是"人"，是学生，所有的技术与手段都是为学生更好地学习服务的。作为教师，我们不仅要"授之以鱼"，还要"授之以渔"。要为学生提供自主探索的时间和空间，引导他们经历学习的全过程，用心体验，主动思考，勇于探索，乐于交流，陪伴他们一起克服困难、解决问题，帮助他们乐学、会学、学会，从而培养自主学习的能力，提升核心素养。

总之，时代在发展，科技在进步，我们的课堂也应与时俱进，不断适应学生的学习需要。不同的是形式，不变的是初衷，无论是怎样的混合，我们的目的都是以学生为中心，促进学生更高效地学。活动虽然告一段落，但是学习与研究仍在继续……

第四篇 聚焦课堂

【导语】

　　当传统的在校学习变成居家学习、面对面的及时反馈变为网络背后有限的反馈、教师的教学需要直面"兴趣衰减""效率降低"等问题时，教学资源的选择、教学方式的改变显得至关重要。线上、线下融合式教学成了教师采用的方法，而新世纪(北师大版)小学数学教材编写组举全力编制的微课 3.0 成了教师的得力助手。如何发挥线上教学的优势，激发学生潜在的自主学习能力？如何把微课等资源嵌入课堂，唤起学生的学习热情及对数学的热爱？采用何种方式，能让学生一点点吸收、内化知识，把线上、线下的融合教学变得效率高、节奏明？"聚焦课堂"中的文章作者做了有益的实践和探索。

在课堂教学中尝试"混合式教学"

——二年级上册"有多少块糖"教学片段与评析

四川省成都市茶店子小学清淳校区　杜　蓉

"混合式教学"是将在线教学和传统教学的优势整合在一起的一种线上、线下相结合的教学方式。后疫情时代，"混合式教学"成为课堂教学的主流模式。如何在传统课堂教学中有效地融入微课3.0资源实现"混合式教学"？现结合新世纪（北师大版）小学数学教材二年级上册"有多少块糖"一课，谈谈自己的简单尝试。

教学准备：微课3.0、课件、30块糖、题单。

片段一

师：今天老师邀请了淘气、笑笑和机灵狗和大家一起学习，我们去看看他们在做什么。

播放微课3.0二年级上册"有多少块糖"片段，学生观看。（如图1）

图1

师：看到这些糖块，你能提出什么问题？

生1：一共有多少块糖？

生2：可以怎么数呢？

教师引导学生数出学具袋里的糖块。

学生按照自己的方法数糖块，当学生摆放不整齐时，教师继续播放微课。（如图2）

图 2

师：你们对笑笑的数法有什么建议？

生1：糖块堆在一起，看不出怎么数的。

生2：数的时候要把糖块摆放整齐。

师：你能重新摆一摆、数一数吗？

学生重新数糖块。

教师播放微课3.0，学生观看。（如图3）

图 3

师：猜猜这些小朋友是几块几块数的。

生1：她是2块2块数的。

生2：她是5块5块数的。

师：摆放整齐，同学们一眼就看出是几块几块数的。现在，我要请同学上台展示自己的数法，在展示时，大家按他的方法数一数。

（一名同学上台展示，全班同学一起数。）

全班：2，4，6，8，10，12，14，16，18，20，22，24，26，28，30。

师：2块2块数，数了多少次呢？

生：15次。

师：一起来验证一下。

教师引导学生数出次数，并把结果记录在表格里。（如表1）

表 1

每次数的块数	数的次数	糖块总数/块
1	30	30
2	15	30

师：除了2块2块数，还可以怎么数，请你把这个表格填完，并说说你们的发现。

学生汇报，并体会到每次数的块数越多，数的次数就越少，糖块的总数是一样的，都是30块。（如图4）

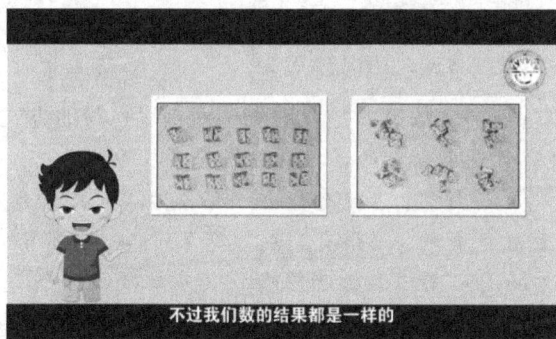

图 4

师：除了像这样一份一份地摆整齐，我还看到了这样的摆放。（出示摆成方阵图的）这样摆，有什么好处呢？

生1：这样摆更整齐了。而且一个对一个，一排对一排，每排都同样多，就不用去数后面的了，这样数起来更快。

生2：竖着看，也是这样的。每一列都一样多，第一列有5块，后面每列都是5块。

【评析：和PPT相比，微课3.0更加生动和直观。开课环节的情境引入，就像看动画片一样，牢牢地抓住学生的注意力。在体会不同数法的环节，微课3.0又动态地呈现了数的过程，并结合着图示、声音、动作，有效地帮助学生建构了几块几块数的模式，并且体会各种数法之间的联系：总数一定，每份数量越少，份数越多；每份数量越多，份数越少。这里，微课3.0的融入是自然的，也是恰当的。在学生出现迷思时，教师借助虚拟人物淘气和笑笑给现场学生一些温馨提

示，亲切而不失童趣的提示，更有利于学生接受与理解。】

片段二

师：这里还有一些糖块，你准备怎么数？

生1：1块1块数。

生2：2块2块数。

生3：7块7块数。

师：你们看，当摆成方阵时，我们一般就不再1块1块数了，而是1行1行数，或者1列1列数。（如图5①）

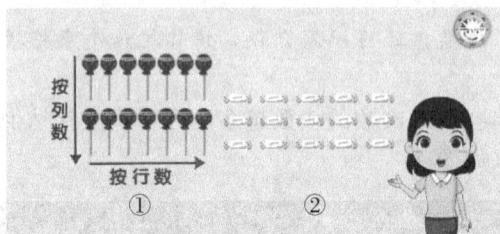

图 5

引导学生按照行与列来数数，并且用圈一圈、写一写的方式标出数的过程。

师：谁来说说，你是怎么数的，数的结果是多少？

生1：我是1行1行数的，1行有7块，有2行，一共有14块。

生2：我是1列1列数的，1列有2块，有7列，一共有14块。

师：（结合着方阵图）1行7块，有2行，其实就数了2个7。1列2块，有7列，其实就数了7个2。现在，你能不能与同桌合作，用两种方法来数一数右边的糖块（如图5②），一共有多少块？

学生合作完成数右边的糖块。

师：淘气和笑笑按照行和列数出了糖块，他们数对了吗？你能用算式表示他们数的过程和结果吗？（如图6）

图 6

学生回答，并分享自己的算式。

笑笑：5＋5＋5＝15(块)。

淘气：3＋3＋3＋3＋3＝15(块)。

师：你是怎么想的？

生1：笑笑按行数，每行5块，有3行，所以就用5＋5＋5＝15(块)表示。

生2：淘气按列数，每列3块，有5列，所以就用3＋3＋3＋3＋3＝15(块)表示。

师：两个算式有什么特点呢？又有什么不同呢？

引导学生独立思考后小组交流。

生1：笑笑按行数，相同加数是5，加了3次；淘气按列数，相同加数是3，加了5次。

生2：第一个算式是3个5相加，第二个算式是5个3相加。

生3：我发现，同一堆糖块，每次加的数越大，加的次数就越少；而每次加的数越小，加的次数就越多。

师：通过今天的学习，你们有什么收获？

学生独立思考后，交流自己的收获。

师：我们来听听淘气和笑笑的学习收获。

教师播放微课3.0，学生观看。

师：对比一下，你觉得淘气和笑笑的收获哪些地方说得好？

生1：淘气和笑笑说得很全面。

生2：淘气和笑笑说收获的时候是按"绿点"的顺序来分享的。

生3：淘气和笑笑在说收获的时候还用到了举例的方法。

师：我们在说收获的时候，就应该像淘气和笑笑这样，有序地说，完整地说，具体地说。下面我们就用今天学到的知识来解决问题吧！

学生完成书上的练习。

师：同学们，喜欢和淘气、笑笑一起学习吗？如果今天的学习你还有困难，老师会把今天的微课发到班级群里，你们可以反复观看。

【评析：如果说片段一的微课3.0融入是为了激趣、直观演示和温馨提示，那片段二的微课3.0融入则是一种示范和引领。对于二年级的学生来说，他们在进行学习总结时还不能有序、完整地对知识进行归纳与概括。这时候，通过微课3.0中的人物对话，有效地营造了相互启发的学习场域，帮助学生更系统地梳理知识，更全面地进行总结。微课资源的优势就是可以反复观看，因此，在课的最后，教师将微课3.0进行推送，方便有困难的学生进行学习。通过数据追踪，我们发现一半的学生都回看了微课3.0，并且较好地掌握了本课的知识。】

在实践中，我一直坚持在课堂上进行线上与线下的混合教学。这样的混合，首先不加重学生的课业负担，其次能够及时掌握学生的学情。通过本节课的实施，我发现这样的做法是可行的。在后期的实践中，我还将引入智能作业平台，让技术更好地服务于教学，让我们的课堂教学更加丰富和精准。

使用微课让学生的思维走向深入

——微课 3.0"分苹果"的教学实践及延伸

山西省运城市临猗县示范小学东城分校　赵美蓉

学生的数学学习应该是一个生动活泼的、主动的和富有个性的过程。缺少学生现场参与的直播课中，如何能够关注学生思维的发展，开启兴趣的大门？我以新世纪(北师大版)小学数学教材二年级下册"分苹果"的教学为例，谈谈使用微课让学生的思维在兴趣盎然中走向深入的经历。

片段一

学生观察完主题图发现信息，提出问题并尝试解决。

师：同学们，一共有 18 个苹果，每 6 个放 1 盘，可以放几盘？你们是怎么算的，又是怎样想的呢？

生 1：我是用乘法口诀"三六十八"想到结果的。

生 2：因为是 18 个苹果，每 6 个放 1 盘，就是每 6 个 1 份，看有几份，所以用除法。

师：除此之外，还有什么方法呢？一起来看个视频。

(播放微课 3.0 视频，如图 1。)

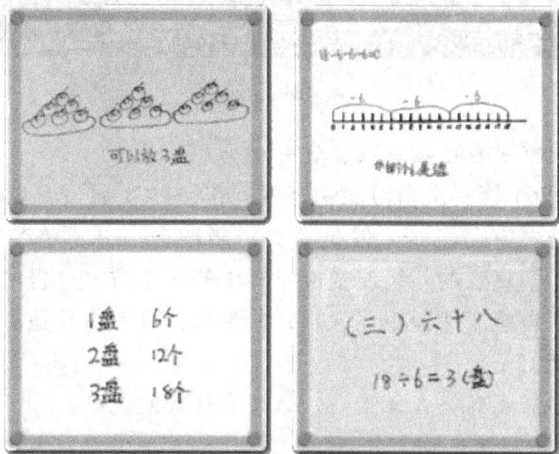

图 1

师：视频中这几位同学用到了哪些方法呢？

生1：画图。

生2：数线，还有一一列举。

师（小结）：上面这几种方法，无论是哪一种都可以看出 18 里面有 3 个 6，所以可以放 3 盘。

【反思：一个小小的视频，把教材中静态的思考过程，通过学生的语言和动态的演示来呈现，一下子激起了学生学习的兴趣。不仅使学生加深了对除法意义的理解，体验了不同的思维方式，还充分体现了算法的多样化。】

师：其实上面的过程也可以用除法竖式来解决，你会写吗？

（很快就有学生写出了除法竖式。）

师：真棒！你们知道为什么能这样写吗？它的每一步分别表示什么意思呢？

（教室里瞬间静了下来。）

师：仔细看看笑笑的探索过程。

（播放微课 3.0 视频，如图 2。）

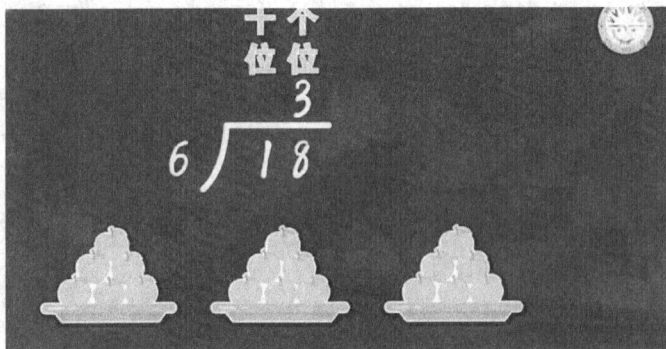

图 2

师：现在你们可以自己摆一摆、说一说吗？

【反思：这是学生第一次学习除法竖式，部分学生通过看教材预习，对除法竖式的书写格式已经有所了解，但是对每一步的含义并不清楚。因此，借助视频，完整地呈现了把直观的苹果演变成竖式中的每个数的过程，让学生把除法竖式与分苹果的过程自然而然地建立联系，让除法计算不再只是简单的技巧，而是蕴含了一定的道理。】

师：仔细观察除法的竖式与横式，你又有什么发现呢？

生1：除号不一样了。

生2：多了 1 个 18 和 0。

微课 3.0 下的最美"云"距离

山西省运城市临猗县示范小学东城分校　闫彩燕

2020 年 2 月 17 日，温度适宜，阳光清浅，从今天开始，我将和学生开启一段"云上课"的日子。早已搜索好新世纪小学数学微课 3.0 中的"异分母分数加减法"，备好课，在电脑旁等待学生上线。且看学生对异分母分数加减法的探索，对算理算法的理解隔着屏幕渐渐清晰，思维在云端互动中走向深入。

一、娓娓道来说加法

师：同学们，我们无法在学校见面，却在云端会师。线上上课就是咱们对新冠病毒的亮剑，我们要用全新的上课方式来抗击新冠疫情。

师：今天我们来研究异分母分数的加减法。让我们首先回忆一下整数加法的计算：1＋1 等于几？

师：如果是 1 吨＋1 千克呢？还等于 2 吗？

受网络限制，我和学生的对话无法快速、及时实现，于是选择提出问题串，等待回答串的方式推进。

学生通过网络陆续发来回答。

回答一：单位不一样，不能加了。

回答二：要先把 1 吨转化为 1 000 千克才能加。

回答三：也可以把 1 千克转化为 0.001 吨计算。

师（质疑）：为什么单位不一样，就不能加了？

这个问题提出后，学生一片沉默，我几乎能想象到他们在电脑前撅着小嘴嘟哝"就是不能加啊"的样子。

师：看看这张图片，对你有什么启发？

（通过电脑发出图片（如图 1）。）

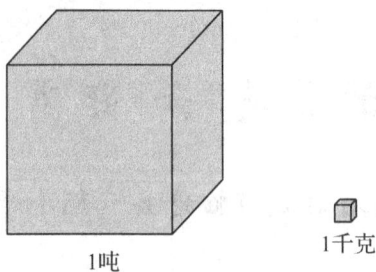

1吨

1千克

图1

学生陆续发出讨论：1吨和1千克大小不一样，不能直接相加。

师：现在你又有什么想法？

（通过电脑发出图片（如图2）。）

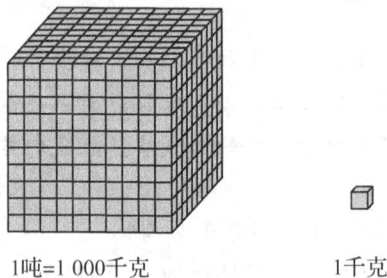

1吨=1 000千克

1千克

图2

生：1 000千克和1千克的单位一样，可以相加了。

师：因为1 000千克和1千克单位相同，所以可以相加。看来加法其实是对几个相同单位数量的合并。那么，$\frac{1}{2}+\frac{1}{4}$这两个分数里面的1可以直接相加吗？

二、前因后果探算法

1. 思维碰撞

师：请同学们首先动手画一画、折一折、算一算，然后观看视频，看看你的想法和视频中同学的想法有何不同。

通过平台推送微课3.0视频。

2. 讨论辨析

师：对于微课中同学的做法$\frac{1}{2}+\frac{1}{4}=\frac{1+1}{2+4}=\frac{2}{6}$，大家有什么看法？

生1：$\dfrac{2}{6}$比$\dfrac{1}{2}$小，结果不对。

生2：不能把分子和分母分别相加。

师：为什么不能把分子和分母分别相加呢？这两个分数中的分母2和4表示什么意思？

生3：$\dfrac{1}{2}$中的2表示把单位"1"平均分成2份，$\dfrac{1}{4}$中的4表示把单位"1"平均分成4份。

生4：对啊，如果用2＋4的话，就表示把单位"1"平均分成了6份，那就不对了。

师：是啊，分母2和4表示平均分的份数，平均分的份数不一样，分数单位就不同，两个单位不同的数是不能相加的。两个分子1可以相加吗？

有了第一环节的铺垫，这个问题提出后，学生很快做出回答。

生5：也不能直接相加，两个1的大小不一样。

生6：老师，我不会发图片，就给您说一下，刚才我用两张同样大小的纸分别折出了各自的$\dfrac{1}{2}$和$\dfrac{1}{4}$，它们1份的大小确实不一样，不能相加。

生7：这和1吨＋1千克的道理是一样的，也要转化单位。

师：这里需要转化的是什么单位？

生（齐）：分数单位。

3. 总结算法

师：现在对于微课中另一位同学的做法：$\dfrac{1}{2}+\dfrac{1}{4}=\dfrac{2}{4}+\dfrac{1}{4}=\dfrac{3}{4}$，大家有什么看法？

生1：我觉得做得很好，就要先通分，再计算。

师：通分的目的是什么？

生2：让分母相同。

生3：转化分数单位啊。

师：是啊，分母相同了，分数单位就相同了，加法也就可以进行了。$\dfrac{3}{4}$中的分子3从何而来？表示什么意思呢？

生4：3就是2个$\dfrac{1}{4}$和1个$\dfrac{1}{4}$相加，一共3个$\dfrac{1}{4}$的意思。

师：原来，只要分母相同了，分数加法就和整数加法一样，把相同单位的数量合并就可以了。减法的道理一样吗？现在大家能用简洁的话总结一下异分母分数加减法的计算方法吗？

生5：异分母分数加减法，先通分，后计算。

线上教学，减少了课堂上师生直面的琐碎对话，增加了学生对问题的冷静思考。所以，每个问题的抛出，在耐心等待之后，总能看到学生比平时更加深邃的思考结果。也许，抛开了平时课堂的旁枝末节，反而更有利于学生专心思索。

线上教学，减少了课堂上师生直面的启发引导，增加了与微课视频对话的机会。学生有更多的时间去分析别人的观点，审视自己的思考，是非尽在对比之中。学生的真实思考对照视频中的模拟案例，真相就在对比与讨论中逐渐清晰。

线上课堂，因为有了微课3.0，从而有了鲜活的思维与积极的兴趣；无法面对面，却有了屏隔着屏的深度思考。

面对云端教学，我们将在探索的路上愈走愈远。

让学生"说数学"

——"聊聊圆的那些事儿(一)"教学实录

甘肃省酒泉师范学校附属小学 雒兴萍

【教学背景】

在"停课不停学,停课不停教"的日子里,我校接到面向酒泉市六年级学生上网络直播课的任务,这就意味着我们面对的学生有城市的,也有乡村的。为了兼顾不同水平的学生,六年级数学备课团队决定按不同单元、不同主题用"说数学"的方式进行系列课程复习,在帮助学生巩固知识的同时,培养学生的数学语言表达能力。于是,我立足于新世纪(北师大版)小学数学教材六年级下册"圆的知识的整理与复习(一)",有了与学生在线上"聊聊圆的那些事儿"的经历。

【学习目标】

1. 复习圆的基本特征,掌握圆各部分的名称,理解同圆或等圆中直径与半径的关系。

2. 进一步理解圆的周长和面积的计算方法,并能熟练计算圆的周长和面积。

3. 灵活运用本单元知识解决生活中的实际问题。

【教学重点和难点】

归纳圆的特征,进一步理解圆的周长和面积的计算方法。

【学具准备】导学案,大小不同的圆片,圆规,直尺。

【教学过程】

一、问题引入,梳理旧知

师:同学们,如果让你向同伴介绍自己画的圆,你准备测量什么呢?你会通过计算解决什么问题呢?

(播放微视频。)

生1:我画圆之前测量了圆规两脚之间的距离是 3 cm,知道了圆的半径是 3 cm,直径是 6 cm。

生2:我直接测量画出的圆的半径,就可以计算出所画圆的直径、周长和面积。

[我的思考:通过展示学生说一说自己画圆之前测量了什么、通过计算解决什么问题的微视频,检测学生的预习情况,了解学生对圆的知识的掌握程度,决

定授课内容的取舍。另外，播放微视频，可以让学生看到很久不见的伙伴，激发学生的学习兴趣。〕

二、回顾总结，形成知识网络

(一)复习圆的结构特征

1. 复习圆的基本概念

师：同学们的介绍中包含了圆的哪些知识呢？

(圆各部分的名称，同圆或等圆中半径与直径的关系，计算圆的周长与面积。)

共同归纳整理(出示课件)。

(1)圆心：到圆上各点距离都相等的点，它是圆的对称中心，圆心决定圆的位置。

(2)半径：连接圆心和圆上任意一点的线段，通常用字母 r 表示，半径决定圆的大小。

(3)直径：通过圆心且两个端点都在圆上的线段，通常用字母 d 表示。

(4)半径与直径的关系：同圆或等圆的半径是直径的一半，直径是半径的 2 倍，用字母表示为 $r=\dfrac{d}{2}$，$d=2r$。

思考：圆的直径是半径的 2 倍，这样的表述对吗？为什么？

2. 了解圆在生活中的应用

师：因为圆有许多重要的性质，人们很早就认识了圆，请同学们找一找圆在生活中的应用，想一想，其中蕴含了哪些知识？

课件出示微课 3.0 中"生活中圆的应用"图片，了解与圆有关的数学知识。

(1)车轮：把车轮做成圆形，是因为圆上的点到圆心的距离相等，车子行驶起来平稳，还因为圆形车轮在滚动时摩擦力小，车子走起来更省力。

(2)下水道井盖：把下水道井盖做成圆形的，是因为使用圆形的盖子方便，无论怎么盖都不会掉下去。

(3)圆形碗的设计：把碗做成圆形的，是因为圆形物体制作起来比较容易，没棱没角使用方便，也不易损坏。

(4)套圈游戏的公平性：每一个套圈者所站的位置到定点的距离都要是相等的，所以，做套圈游戏时人们站成圆圈是比较公平的。

(5)半圆拱形门：圆形拱门抗压能力强。

(6)圆的对称和谐美：我国大型舞剧《丝路花雨》在国内外演出都很成功，据舞蹈设计者说，主角英娘舞蹈的一招一式、举手投足，都遵循着由圆弧组成的曲线而动，有圆的特征，能给人以美的享受。

……

师：除以上实例，生活中还有很多圆的应用，希望同学们做个有心人，找一找生活中的圆，用与圆有关的知识解释其中的道理。

[我的思考：回顾旧知中帮助学生掌握圆的特征，体会圆心和半径的作用，理解等圆或同圆中直径和半径之间的关系，能够用圆的知识解释生活中的简单现象，变"教师说学生听"为"学生说"，在互动交流中感受数学与生活的密切联系。]

（二）复习圆的对称性

师：在以前的学习中，我们知道了圆是轴对称图形，直径所在的直线就是圆的对称轴，圆有无数条对称轴。现在，你们能不能判断出我们学过的图形哪些是轴对称图形？分别有几条对称轴呢？

（课件出示平面图形，学生进行判断，并自我作答。）

师：我们曾做过"画一画车轮轨迹"的试验，从车轮轨迹中，我们发现圆有非常好的旋转对称性，请看几位同学的作品。

（课件出示学生画的车轮轨迹图。）

师：利用圆的对称性，我们还可以做什么呢？

生1：利用圆的对称性，用折纸的办法找出一个圆的圆心有两种折的方式：一种是对折后再对折，另一种是折出任意两条直径（即对称轴），折痕的交点就是圆心。

（播放学生折纸解说的视频。）

生2：可以利用圆的对称性，设计美丽的图案。

（课件出示风车图、太极图、心脏线及学生作品，欣赏由圆组成的美丽图案。）

[我的思考：通过组织学生开展验证圆是轴对称图形和折纸找圆心等活动，让学生再次体会圆是轴对称图形，有无数条对称轴。发展了学生的空间观念，也让学生在欣赏与绘制图案的过程中，体会圆在图案设计中的应用。在此过程中，学生的实践探究和解说代替了教师的讲解，学生有更多展示自己想法的机会，既锻炼了口头表达能力，也提高了动手操作能力。]

（三）复习圆的周长

师：为什么$C=\pi d$？你们能用语言描述一下这个公式的推导过程吗？

（播放学生讲解操作视频。）

生1：学习圆的周长时，我用滚动法测量出硬币的周长，知道圆的周长总是圆的直径的3倍多一点，得出圆周长的计算公式$C=\pi d$。

生2：我用绕线法测量出硬币的周长，知道圆的周长总是圆的直径的3倍多

149

一点，得出圆周长的计算公式 $C=\pi d$。

师：怎样计算 $d=4$ cm 的圆的周长呢？

（学生计算后课件出示：$C=\pi d=3.14\times4=12.56$（cm）。）

师：通过数学阅读，我们知道了与圆周率相关的数学故事，体会到人类对数学知识的不断探索过程，也知道圆周率用字母 π 表示，那 π 是一个怎样的值呢？π＝3.14 吗？（π 是近似值，是一个无限不循环小数，π＞3.14。）

复习有关周长的计算公式（出示学生整理知识的图片）。

已知直径求周长：$C=\pi d$。

已知半径求周长：$C=2\pi r$。

周长的一半：$C\div2=2\pi r\div2=\pi r$。

半圆的周长：半圆的周长＝$\pi r+2r$。

师：想一想：生活中哪些问题是计算圆的周长的？

生：汽车过桥的问题、围半圆形鸡舍栅栏的长度、圆形图案花边的长度、大树上绕绳子的问题等。

（课件出示相关图片。）

［我的思考：鼓励学生做小老师，带领同学们回顾圆的周长与直径的关系，进一步理解圆周率的意义。学生在此过程中，不仅能正确运用公式计算圆的周长，解决一些简单的实际问题，还能有条理地梳理与圆的周长有关的知识，提升了归纳概括能力，使"说数学"活动有了更进一步的发展。］

（四）复习圆的面积

师：圆的面积计算公式是怎样推导出来的呢？

（课件播放学生讲解圆面积计算公式的推导方法。）

生1：把圆等分若干份后拼成近似的平行四边形，可以推导出圆的面积 $S=\pi r^2$。

生2：把圆形茶杯垫片沿直径剪开，得到两个近似的三角形，再拼成平行四边形，可以推导出圆的面积 $S=\pi r^2$。

生3：把圆形茶杯垫片沿半径剪开，得到一个近似的等腰三角形，可以推导出圆的面积 $S=\pi r^2$。

结论：圆的面积 $S=\pi r^2$。

学生自己整理圆的面积计算公式，算一算圆的面积，体会半径变化，周长与面积的变化，发现其中的规律。

［我的思考：结合复习题引领学生再次认识圆的面积，回顾圆面积公式的推导过程，体会"化曲为直"的数学思想，掌握圆面积的计算公式，尝试解决生活中与圆面积有关的实际问题。］

三、了解整理知识的方法

展示学生作品，回顾整理单元知识的方法。

1. 表格法（课件出示学生设计的圆的知识的表格）。

2. 思维导图（课件出示学生设计的圆的知识的思维导图）。

四、全课总结（略）。

【课后反思】

面向全市学生上网络直播课，对我而言是更具挑战性的专业成长平台。因上课时面对的是镜头，看不到学生在授课过程中的参与、反馈，容易变成自言自语，也担心如此授课降低学生学习的积极性。为了克服这一问题，我想到了组织学生隔空互动的方法，课前发送导学案，让学生在作业超市中自主选择愿意展示的内容，或图片，或表格，或视频，无论哪一种形式，都要求学生当小老师，说一说自己是怎样想的、怎样做的，有什么新的发现。

原以为刚进入青春期的六年级学生会羞涩，不愿意在全市同龄人及不同学校的教师面前亮相，没想到学生看到导学案中的"说数学"活动倡议后热情高涨。当导学案下发后，我收到很多本校及外校学生的作业，其中令我印象深刻的是酒泉市育才学校周蓉老师，未曾谋面的她，特意把全班学生的讲解视频评比、选择后再打包发过来；热心的家长和积极的学生就更让我感动，为了讲解流畅、画面清晰，很多家长陪着孩子反复练习，一次次录制，凌晨了还有家长发送邮件，通过QQ和微信与我沟通需要修改的问题，也让我看到了学生更多成长的可能。

直播时，我的目光面对镜头就是面对努力进取的学生，学生隔着屏幕与我互动，我能感觉到他们关注的目光，他们也能体会到老师的良苦用心，课后的互动更频繁、更积极了。

数学是思维的体操，语言是思维的外壳。学生在参与"说数学"活动中，将思维通过语言外显，又因语言表达促进逻辑思维的发展，语言与思维双促双赢，共同提升。就本节课而言，学生在"说数学"中经历的整理知识、归纳比较、概括提升、拓展应用几个环节，课前已在教师和家长的引导帮助下多次实践探究。呈现的结果中，我看到学生在说数学文化、说探究发现、说疑难困惑、说收获成果、说方法策略等，不仅调动了学生的积极性，引发了学生的数学思考，激励了学生经历自主建构知识、自主实践探究的过程，也培养了学生的创造性思维，提高了学生的数学学习能力。

像这样的"说数学"活动，真正把课堂变成师生同步的学堂，把讲台变成学生展示的舞台，让教师主动摒弃"满堂灌、填鸭式"的教学方法，鼓励学生在"说数学"中发现问题、研究问题、解决问题，从而形成以学生为主体的教学模式；"说数学"改变了学生被动接收、机械记忆、强化储存的学习方法，鼓励学生通过"说数学"转变学习方法和学习心态，变"要我说"为"我要说"，增强学习主动性、创新性和实践性；"说数学"建立了更和谐的师生关系，实现教师轻松地教、学生快乐地学的学习目标，值得今后继续探索实践。

倾心一方屏幕，守望数学沃土

——二年级上册"小熊开店"线上教学片段与评析

山西省运城市临猗县示范小学　李佳霖

新时期的教学，微课3.0成了教学的好帮手。微课3.0虽微小，却不失课程学习的内涵，充分突出了学生的主体性；每一节微课3.0都有明确的学习目标，学习目标统领着教与学活动的开展，教师的教学设计精准，学生的学习活动有呈现；微课3.0的画面、声音都令人感到欣喜，能激发学生的学习兴趣。将微课3.0运用于小学数学的线上教学中，电脑前的学生挑战一个个有趣的学习任务，思维一次次掀起热潮，情境、思维在屏幕的尽头联通。本文结合微课3.0二年级上册"小熊开店"在线上教学中的运用，与大家交流探讨。

线上教学准备：微课3.0、课件等。

线上学习准备：练习本、铅笔、直尺。

线上教学平台：钉钉直播（支持连麦）。

片段一

师：同学们，小熊开店了，我们去看一看，小熊商店有哪些数学问题需要解决？

师：小熊商店里都有什么呢？

生：洋娃娃每个6元，皮球每个3元，风筝每个8元，小汽车每个5元，毽子每个1元。

师：小猴子来到小熊的商店，遇到了一个难题，我们一起来看一看。

教师播放微课3.0二年级上册"小熊开店"。

（教师按下暂停键，如图1。）

图1

师：同学们，20元能买几辆小汽车？这节课我们一起来帮助小猴子解决这个问题吧。

（学生申请连麦说一说。）

生1：5元买1辆，10元买2辆，15元买3辆，20元买4辆。

生2：我从20元里先拿出5元买1辆，再5元买1辆，再5元买1辆，最后再5元买1辆，钱用完了，正好买了4辆。

生3：用画点子图的方式，5个点子圈1次，圈4次圈完，因此买了4辆。

生4：我还可以用乘法口诀来计算，四五二十，正好能买4辆。

师：同学们的方法可真多，让我们一起看看笑笑和她的朋友们是怎样计算的。

教师播放微课3.0，呈现四种计算的方法。（如图2）

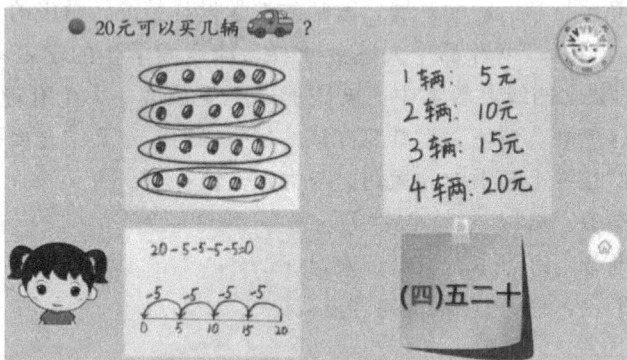

图2

师：比较这几种方法，说说你有什么发现。

生5：这几种方法都是在求20里面有几个5，这种问题可以列除法算式来解决。

生6：我认为用乘法口诀求商最好了，简单快捷。

师：这是一个不错的发现。

教师播放微课3.0。（如图3）

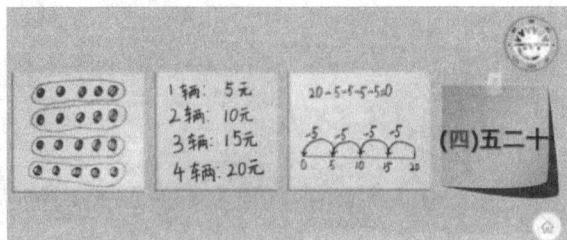

图3

师：这几种方法都是在求 20 里面有几个 5，这种问题可以列除法算式来解决。其中用乘法口诀计算的方法最为简单快捷。

[思考：以微课开课，让学生观看小熊商店发生的故事，以声、色、文、图、动等方式吸引学生，促进学生更好地感悟与理解，全方位、更快、更多、更形象地接收信息，激发学生的学习热情，启发学生探究新知的思路。利用微课适当引导学生说说其他算法，理解不同算法的算理，逐步进行算法的优化。在理解算理的基础上总结：可以用乘法口诀很快求积，也可以用乘法口诀很快算出商，因为乘除法的联系是十分密切的。实现了教学目标：通过自主探索发现乘除法之间的关系，学会用乘法口诀求商。在自主学习中培养学生解决新问题的能力。]

片段二

师：小猴拿着自己的 4 辆小汽车非常高兴，这时，有小猫过来了，也想来祝贺小熊商店开业。

师：小猫想要买什么呢？我们一起来看一看。

教师播放微课 3.0 小猫来小熊商店的片段。（如图 4）

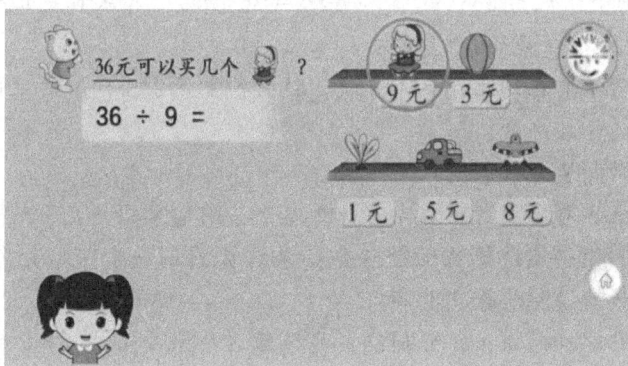

图 4

师：这一次，我们要用到哪些数学信息呢？请大家在学习单第 2 题处，先用你喜欢的方式表示，再圈一圈，填一填。

师："36 元可以买几个洋娃娃"是让我们解决什么问题？

生 1：是要解决 36 里面有几个 9，可以列式为 36÷9。

师：36÷9 要用哪句乘法口诀求商呢？

生 2：四九三十六。

师：还可以怎样做呢？我们一起来看看笑笑和妙想是怎样计算的。

教师播放微课 3.0 中笑笑和妙想的计算方法。（如图 5）

图 5

机灵狗产生疑问：明明是除法，为什么也可以用乘法算式呢？

师：机灵狗提出了一个什么问题？你怎么看？请小组同学交流想法。

生 3：我们小组觉得 $4×9=36$ 是错误的，因为题目中没有给我们 4 的信息。

生 4：我们小组认为 $36÷9=4$ 和 $4×9=36$ 这两个算式都是正确的，都算出了 36 元可以买 4 个洋娃娃。

师：看来同学们在这里产生了分歧。机灵狗也产生了同样的疑问，我们一起来看看妙想是怎样解决的。

教师播放微课 3.0 妙想的巧妙方法。

师：看来乘法与除法之间肯定有什么联系，咱们来找一找，好吗？

乘法算式的积是除法算式的被除数，乘法算式的一个乘数是除法算式的除数，另一个乘数就是除法算式的商。

师：既然有这样的联系，你们能不能根据这个乘法算式 $4×5=20$ 来写出另一个除法算式？

生 5：$20÷4=5$。

师：那么这几个算式都和哪一句口诀有关？

生 6：四五二十。

[思考：学生在观看微课的过程中，通过观察、对比，知道了还可以从乘法的角度去考虑除法的计算方法，在这里起到一个扩充思维作用。学生在面对"$36÷9=4$ 和 $4×9=36$ 这两个算式哪个正确"这个问题时，产生了较大的分歧，由于受到现有思维水平的限制，很难想到合理的解决方案。因此，微课的适时引入，通过乘除法转换的活动来找到乘法和除法之间的关系，也是对乘法和除法互逆概念的感知，再次巩固了用乘法口诀求商的方法。]

微课 3.0 由教材编写组的专家顶层设计，名师倾心打造，让人百看不厌，看后有所思。"小熊开店"一课就很好地诠释了微课 3.0 的设计理念，它抓住了儿童天生喜欢听故事的特点，以生动的故事来呈现数学知识，不仅牢牢地吸引了学生的注意力，而且让他们体会到原来生活中有许多有用和有趣的数学，从而对数学产生浓厚的兴趣。通过故事，学生真正知道了怎样用乘法口诀求商，能够从乘法的角度去考虑除法的计算方法，用自己的方法解决生活中的问题，生动有趣的故事很好地激发了低年级学生的数学阅读的兴趣。微课 3.0 没有"形而至上"的课堂演绎，不是常规教学的复制，也不是常规教学的替代，只有关注学生需求，给学生发现知识的空间，让学生经历知识的形成过程，让学生思之有"源"，言之有"据"。

在整理和复习中积累经验

——"解决问题的策略"线上教学实践

甘肃省酒泉师范学校附属小学　裴吉全

【课前思考】

《义务教育数学课程标准（2011年版）》明确指出：努力使学生"形成解决问题的一些基本策略，体验解决问题策略的多样性，发展创新意识"。"解决问题的策略"是新世纪（北师大版）小学数学教材六年级下册总复习的内容，是对解决问题策略的梳理和总结，为学生进一步理解策略提供指导。学生已经积累了一定的解决问题的经验，初步了解了同一问题可以有不同的解决方法。因此，本节课重点是系统研究列表策略的内涵，学习用列表的方法收集、整理信息，并在列表的过程中，分析数量关系，寻找解决实际问题的有效方法。

【设计思想】

本节课着重引导学生学习用列表的方法收集、整理信息，并分析数量关系，从而寻找解决问题的有效方法，在经历策略的形成过程中获得对策略内涵的认识与理解。

【教学进程】

（一）视频导入，感知策略

师：在上课之前，我们先来看一个短视频。（课件出示视频）哪吒认定"我命由我不由天"，凭着一腔热血逆天改命，感动着我们。但我想问同学们，李靖他们为什么要撒谎欺骗哪吒呢？

（学生自由讨论，发表自己的看法。）

生1：李靖是善意的谎言，他们是想教育哪吒积极向上。

生2：李靖他们是换了个委婉的说法，目的是让哪吒看到希望。

生3：李靖夫妇希望哪吒能开心活满3岁，于是便欺骗哪吒说他是灵珠转世，所以才会和别的小朋友不一样。

生4：李靖用权威性的谎言与哪吒沟通，让哪吒有了努力生活的动力。

……

师：同学们的想法都很好，总结一下这里面是李靖夫妇教育孩子的策略，而这种策略，其实是一种爱，是对孩子最好的教化。

（课件继续出示故事情节。）

师：爱看书或者电影、电视的同学一定知道，中国古时候的一些人就特别擅长使用策略，像三国时期的诸葛亮；帮助田忌赛马的孙膑；"运筹帷幄之中，决胜千里之外"的张良。他们使用策略打了很多胜仗。所以，策略很重要。

［我的思考：本环节旨在通过故事告诉学生，解决问题策略很重要，充分调动学生的知识储备，激活学生的经验，激发学生的学习兴趣。］

（二）名家名言引导，认知策略

1. 什么是策略

师：同学们，数学家为什么会比一般人能更快地得到一个问题的解答？就是因为他们掌握了许多解决问题的方法，从而形成了一系列解决问题的策略。数学家华罗庚说："数形结合百般好，数形隔离万事休。"这是数形结合的策略。数学家路莎·彼得说："什么叫解题？解题时，往往不对问题进行正面的攻击，而是将它不断变形，直至转化为已经能够解决的问题。"这是转化的策略。

［我的思考：在学生学习前，通过问题"数学家为什么会比一般人能更快地得到一个问题的解答"吸引学生的注意力，然后利用数学名家名言引导，让学生理解什么是解决问题的策略。］

2. 策略的分类

师：以上的这些策略归根结底，都是为如何更省时省力地解决问题来服务的。我们常用的解决数学问题的策略有：画图、列表、猜想与尝试、从特例开始寻找规律……

［我的思考：回顾解决问题常用的策略。］

（三）激发内需，形成策略

1. 提供信息，"抛砖引玉"

师：有人说，思想方法是数学的灵魂，要想学好数学、用好数学，就要深入数学的灵魂深处，我们今天要学习的列表解决问题的策略就是深入数学的灵魂深处的学习。

师：我们来看六（1）班的课程安排，这两种数据的呈现方式有什么不同？你更喜欢用哪一种方式呈现信息？

（课件展示两种不同的课程安排，如图1。）

六（1）班课程安排

星期一：上午第一节数学，第二节语文，第三节科学，下午第一节美术，第二节品社，第三节实践；星期二：上午第一节语文，第二节数学，第三节英语，下午第一节体育，第二节品社，第三节美术；星期三：上午第一节数学，第二节语文，第三节科学，下午第一节英语；星期四：上午第一节数学，第二节语文，第三节英语，下午第一节美术，第二节语文，第三节数学；星期五：上午第一节英语，第二节语文，第三节数学，下午第一节品社，第二节美术。

六（1）班课程表

	星期一	星期二	星期三	星期四	星期五
上午	数学	语文	数学	数学	英语
	语文	数学	语文	语文	语文
	科学	英语	科学	英语	数学
下午	美术	体育	英语	美术	品社
	品社	品社		语文	美术
	实践	美术		数学	

图 1

生 1：第一种方式呈现的信息比较乱，第二种方式呈现的信息比较整齐，能很快找出自己想要的信息，我喜欢第二种。

生 2：我感觉第二种表格比较简洁，查询比较方便，而且课表看起来更有规律。

……

师：运用列出来的表格，可以帮助我们整理信息，使信息的呈现形式更简洁、更有规律。

[我的思考：用一个看似简单的实例，为引出列表策略做准备。同时通过对比让学生直观感受列表可以使信息的呈现形式更简洁、更有规律，激发学生学习新知的兴趣和欲望。]

2. 整理信息，展示交流，体会解题策略的多样性

师：列表不仅能帮助我们整理信息，使信息的呈现形式更简洁、更有规律，而且还能帮助我们读懂题意，使复杂的问题清晰化、简明化。一起来看看吧！

例 1 学校组织了足球、航模和电脑兴趣小组，淘气、笑笑和小明分别参加了其中一项。笑笑不喜欢踢足球，小明不是电脑兴趣小组的，淘气喜欢航模。淘气、笑笑和小明分别参加了什么兴趣小组？

师：这是一道逻辑推理的问题。这么多的信息，你想怎么做才能让大家清楚地看到题中的条件和问题？

（学生讨论，尝试用自己喜欢的方法整理数据信息，解决问题。）

[我的思考：本题是一道逻辑推理题，旨在唤醒学生整理信息的经验，展示已有的整理信息的方法，经历用列表策略整理信息的过程，从而初步感受列表整理信息的优越性。]

例 2 要从山羊、绵羊、湖羊 3 个品种的小羊中选购小羊，最少选购 1 种，最多选购 3 种，一共有多少种不同的选法？

（学生讨论，尝试独立解决问题。）

师：这是一道有关统计的问题，通过列表，就可以准确得到相关信息，使我们分析问题更加清晰。（如表1）

表 1

选购方法		山羊	绵羊	湖羊
选1种	方案1	√		
	方案2		√	
	方案3			√
选2种	方案1	√	√	
	方案2	√		√
	方案3		√	√
选3种	方案1	√	√	√

例 3　六年级5个班进行拔河比赛，如果每两个班之间都进行一场比赛，一共要比赛多少场？

（学生尝试用列表的方式解决问题，展示交流解题过程。）

师：列表不仅可能帮助我们整理信息、读懂题意，还可以借助于表格中数据的清晰对比，分析两个量之间的关系，寻找规律，找到解决问题的最优方案。

［我的思考：通过例2和例3的学习，让学生找到各个数量在表格中的位置，了解表格中的信息也是分门别类整理的，将无序思维有序化、数学化、规范化。同时也进一步体现了列表这种策略在帮助分析题意时的优势。］

3. 提出问题，培养兴趣

例 4　如图2。

我买5本。　我买3本，用去18元。　我用42元买笔记本。

小华　小明　小军

图 2

师：同学们观察这幅图，你能提出哪些数学问题？

（提供空表，先让学生自己选择信息填表，再汇报交流。）

生 1：小华应付多少元？

生 2：小军能买多少本笔记本？

生 3：笔记本的单价是多少？

生 4：谁买笔记本用的钱最多（最少）？

……

师：同学们提出的问题都很好，在分析数量关系时，有什么相同的地方和不同的地方？你有办法可以方便地解决以上问题吗？

生 5：我发现笔记本的单价是不变的，变化的只是每个人买的数量和总价。

生 6：我认为这个问题也可以列表解决。

师：你怎么思考的，如何用列表来分析这个问题？

生 6：因为单价不变，所以表格里可以设置 1 列为单价，都相同，然后用另外 2 列表示数量和总价，用行来表示每个人的情况。

师：还有其他的设计吗？

生 7：我的设计和生 6 相反，用行设置单价、总价和数量，用列来表示每个人的情况。

师：两种列表的方法都非常好，但我们要把握其中的重点，问题的解决都必须通过小明的信息知道笔记本的单价，有了单价，其他的问题无论是从条件出发，还是从结论出发，都可以很轻松地解决。

[我的思考：整理信息解决问题，比较不同的方法，能使学生再次体会到用表格整理信息除了清楚、简洁，更主要的是便于分析题中的数量关系，同时让学生学会用表格分析数量关系解决问题，形成解决问题的策略。]

4. 课外拓展延伸，激发课后探究

播放微课 3.0"数学阅读"中的《海洋动物》（部分）。提出问题，让学生带着疑问走向课外，激发课后探究。

[我的思考：借助网络资源从讲故事入手，唤醒学生潜在的策略意识，然后引导学生感受新问题的复杂性，产生运用策略解决问题的意识，体验用策略解决问题的优越性，激发学生进一步探究解决问题策略的欲望，将数学课堂拓展延伸到课外。]

【教学反思】

1. 本节课改变了以往常见的研究策略的方法，让学生从不同的角度去研究策略，对列表策略进行一个全方位的研究。不仅通过对比总结得到列表策略的优势，更重要的是让学生体会到列表策略的研究方法，以便能将其迁移到其他策略的研究中去，教师可以真正做到"授之以渔"而非"授之以鱼"。

2. 教学中，借助信息技术和网络技术可以弥补传统教学在直观、立体和动态方面的不足，可以很容易地化解教学难点、突破教学重点、提高课堂效率。本课选择了微课 3.0"数学阅读"中的故事作为课外拓展延伸的内容，让学生直观地看到列表策略在帮助分析题意时的优势，将数学课堂延伸到课外。

停课不停学，微课伴成长

——三年级下册"有多重"线上教学片段与评析

黑龙江省大庆市湖滨学校　王晓琪

微课是一种基于信息技术手段，运用视频、图像等方式呈现课程内容的教学资源。微课内容具有简洁且针对性较强的特点，既直观又突出主题，将微课运用于小学数学的线上教学中优势明显。教师可以通过多种网络平台把微课分享给学生，以便学生保存微课，对教学内容进行反复观看。本文将结合微课3.0三年级下册"有多重"一课，对线上教学的教学资源整合、学生学习需求激发和师生互动交流等问题与大家探讨。

线上教学准备：微课3.0、课件等。

线上学习准备：(1)体重秤、天平或者食品秤；

　　　　　　　(2)曲别针、硬币、橡皮、书签等；

　　　　　　　(3)一袋大米、一箱牛奶等。

线上教学平台：钉钉直播(支持连麦)。

片段一

师：同学们，你知道自己的体重是多少吗？生活中我们经常说的物体的重量在数学王国中被称为"物体的质量"，怎样能够描述出一个物体有多重呢？今天这节课我们就一起来认识两位新朋友——"千克"和"克"。首先一起来看一段视频。

播放微课3.0三年级下册"有多重"，学生观看小鸟和淘气测体重的视频。
(暂停视频，如图1。)

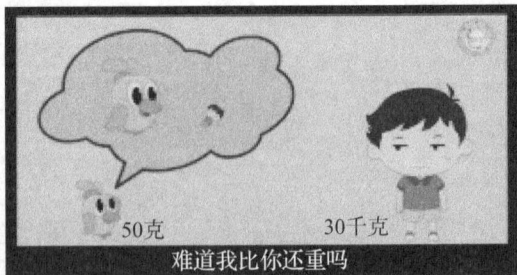

图1

提出疑问，学生思考，连麦申请回答问题或者面板回答。

师：小鸟发现它的体重是50，淘气的体重是30，小鸟的体重比淘气的体重还重吗？你同意小鸟的话吗？为什么？

生1：小鸟说的不对，虽然它的体重数大，但两个数的单位不一样，不能只比较数的大小。

生2："千克"比"克"重很多。

师：同学们观察得非常认真！看淘气无奈的表情，看来淘气也不同意小鸟说的，我们一起来听听淘气的想法吧，请大家继续观看视频。

播放微课3.0视频：淘气说："不对不对，我比你重。"生活中，我们常用"千克"和"克"来表示物体有多重。"千克"可以用kg表示，"克"可以用g来表示。

（暂停视频，如图2。）

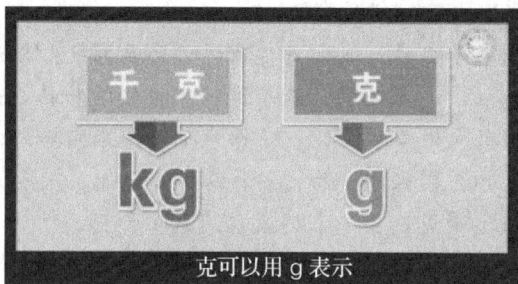

图2

学生跟着微课3.0视频在练习本上写一写"千克"和"克"的字母表示形式。

播放微课3.0视频：1克有多重？视频展示利用天平测量1枚2分硬币，质量正好是1克，2枚曲别针的质量也恰好是1克。

（暂停视频，如图3。）

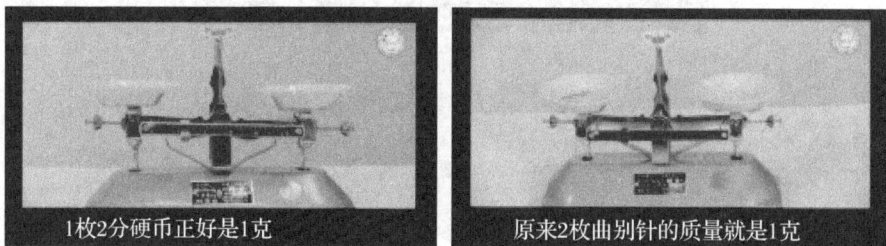

图3

师：淘气选择了哪些物品进行称重得到了1克？

生3：2分硬币和曲别针。

师：淘气为什么选择曲别针和硬币作为称重物品？

生 3：因为淘气说，他想找一些比较轻的物品来称重。

师：为什么选择较轻的物品呢？

生 4：因为 1 克很轻。

播放微课 3.0 视频：请同学们拿出准备好的曲别针或者硬币，放在手里掂一掂，感受一下 1 克有多重。

暂停视频，请学生尝试操作，感受 1 克有多重。再从身边找一找还有什么物品是用"克"做单位的。

师：大家找到了吗？身边有什么物品是用"克"做单位的？

生 5：我找到了橡皮是用"克"做单位的。

生 6：我发现奶酪棒是用"克"做单位的。

生 7：我家的白糖是用"克"做单位的。

师：同学们都很善于观察。我们身边有许许多多用"克"做单位的物品，这些物品都有个共同的特点——比较轻。除了这些比较轻的物品，生活中还有比较重的物品，它们又是用什么做单位的呢？下面我们一起来看一看。

播放微课 3.0 视频：再来想一想，1 千克有多重呢？用苹果来进行测量，看看多少个苹果大约重 1 千克，多少个鸡蛋大约重 1 千克。

暂停视频，引导学生猜想多少个鸡蛋大约重 1 千克。（如图 4）

图 4

生 8：我猜是 10 个。

生 9：我猜是 5 个。

生 10：我猜是 20 个。

师：让我们看看谁猜的比较接近吧。

播放微课 3.0 视频：经过实验操作，测量出 18 个这样的鸡蛋质量大约是 1 千克。

（暂停视频，向猜对的学生表示祝贺。）

生活中还有哪些物品也适合用"千克"做单位呢？下面我们一起来看一看吧。

播放微课3.0视频：这样的一袋大米重25千克（如图5），你又想到了哪些呢？

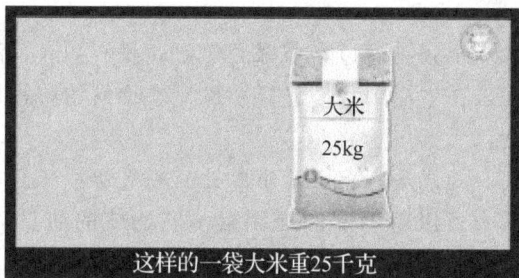

这样的一袋大米重25千克

图5

生11：我家的面粉是20千克1袋的。

生12：我的体重是32千克。

师：刚刚我们发现生活中比较重的物品用"千克"做单位，比较轻的物品用"克"做单位，"千克"和"克"这两个单位之间有怎样的关系呢？我们一起来看一看吧。

播放微课3.0视频。

师：大家看明白了吗？谁来说一说？

生13：1袋白砂糖的质量是500克，2袋白砂糖的质量是1千克，所以，1千克＝500克＋500克＝1 000克。

[评析：好的开始是成功的一半，上课伊始，让学生观看微课3.0视频小鸟和淘气量体重，并思考小鸟的体重是否比淘气重。卡通的视频一下吸引了学生的注意力。从学生熟悉的生活常识入手，通过小鸟的体重比淘气轻，让学生主动寻找问题并突破，将注意力直接集中在单位不同上，开门见山点出本节课的学习内容。思维是从动作开始的，在学习过程中，多步骤引导学生通过实际操作，建立"克"和"千克"的质量概念。在日常教学中，受班级人数较多的影响，教师在讲台上操作，学生无法看清楚秤上显示的每一个物体的质量，微课的优势是在制作过程中可以用分屏同时展现的方式更加直观地向学生展示出秤上的数字。学生在理解"克"和"千克"之间的进率时，用每袋500克的白砂糖，2袋一起放在秤上称，秤的指针刚好指向1千克，从而得出1 000克就等于1千克。揭示"千克"和"克"的内在联系。这一环节变抽象为具体，进一步突破了难点。]

片段二

播放微课 3.0 视频：让学生理解生活中常用的质量单位有"千克"和"克"。

学生说一说选择测量单位的原则是什么，进一步强化对"千克"和"克"大小的感受与理解。

继续播放微课 3.0 视频：通过本节课的学习，我们知道了淘气的体重比小鸟的体重重很多。那么，在生活中我们怎样知道一个物品的质量是多少呢？

生：用秤量一量。

师：下面我们就一起来看一看生活中常见的秤有哪些吧。

让学生感受生活中可以用不同的秤测量不同物体的质量，在没有秤的情况下，我们还可以用已知质量的物品估计其他物品的质量。

师：接下来请同学们用课前老师请你们准备的秤来称一件物品的质量，注意物品的选择需要根据你所准备的秤来决定，请你先估一估，再量一量。

学生独立操作，同时可以视频展示自己的称重过程或说一说自己用什么秤称了什么物品，并汇报估计值和准确值分别是多少。

师：完成的同学请回复 1，有疑问的同学请回复 0。

学生汇报完成后，大家一起观看视频：看看其他同学都用什么秤称了什么样的物品。

播放微课 3.0 视频：通过小结与反思，使学生对"千克"和"克"的理解更加深刻。

师：通过今天的学习，同学们已经能很好地区分"千克"和"克"这两个质量单位了。听完课后，你还可以完成教材"练一练"中的习题，快来检验一下自己的学习效果！

播放微课 3.0 视频：暂停后让学生认真读题、充分思考，并独立完成教材中"练一练"第 1 小题。

师：完成的同学请回复 1，有疑问的同学请回复 0。

请学生说一说自己的想法，再集体观看微课 3.0 视频中笑笑的讲解。

师：接下来我们一起试一试第 2 小题吧。先完成的同学可以准备给大家说一说你的想法。

（当学生不会表达时，可以播放微课 3.0 中学生的讲解作为示例，引导学生分析答案生成过程。）

师：孙里旭同学在填单位的时候选择了用字母表示单位的方法，这个方法有书写简便的特点，看来他这节课听得非常认真。同学们，你们做对了吗？做对的同学请回复 1，做错的同学请迅速改正。

师（小结）：同学们一下子就发现了如何选择合适的单位，真棒！这节课你学会了哪些知识？你还有什么疑问吗？谁愿意说一说。

[评析：通过练习使学生感受到数学源于生活，并且应用于生活。由于线上教学教师无法时时监督、约束学生，所以，在练习过程中，学生通过1，0等数字的反馈，密切与教师进行沟通，有问题随时提问。另外，在练习过程中，给予学生充分肯定，又提出更高要求，既让学生有成就感，增强信心，同时又引发学生继续探索的欲望。]

微课3.0内容紧凑而重点突出，遵循学生的认知规律，充分体现了现代教育新理念，为学生自主学习创造了机会。通过多种实践活动，让学生在趣味性操作活动中思维达到最活跃，并在问题探索解决过程中得以进一步升华。

一场深度体验，让我们做故事里的主人公

——微课"共享速度空间"教学片段与评析

黑龙江省大庆市湖滨学校　李　晶

数学的精彩之处在于它能带给人们探索的快乐。数学课堂教学设计要遵循数学的逻辑关系，注重过程环环相扣，才能使枯燥的解题变得趣味横生、引人入胜，这是微课 3.0 中"数学阅读"极具魅力的地方。

本文结合微课 3.0"共享速度空间"一课，阐述学生在融入"情节"后，从原本对"速度"粗浅、模糊的认识上升到自主探究、追根溯源的层面，沉浸在竞技、比赛般的体验中，深刻理解速度、时间和路程之间的数量关系，从而找到逆推的解题窍门。

教学准备：微课 3.0、课件等。

学习准备：学习单、笔、直尺。

学习方式：线下授课。

片段一

师：今天老师要和你们分享的是"除法"单元中的数学阅读——"共享速度空间"。今天故事的主题是"共享速度空间"。同学们都想进入这个关于速度的空间一探究竟吧，大家可以想象一下我们这个教室就是一个体验室，我们眼前的屏幕即将带着我们进入一个有趣的故事中。

播放微课 3.0 四年级上册"共享速度空间"。

学生观看视频。

智慧老人发来邀请函：参加"共享速度空间"的提问大赛。

学生将面临的是利用寻找的速度素材提出问题、推选问题、修改问题、解决及分享问题。

（教师按下暂停键。）

学生思考，尽可能多地罗列出生活中有关速度的素材，并跟大家分享。

生1：声音在空气中的传播速度是 340 米/秒。

生2：自行车的行驶速度为 15 千米/时。

生3：猎豹的奔跑速度可以达到 32 米/秒。

生4：地球公转的速度大约是 30 千米/秒。

师：同学们找到了这么多素材！那么按照智慧老人邀请函的要求，你能利用这些速度实例提出一个经过思考且可以解决的数学问题吗？如果大家都能像下面这样列出一道数学问题，我们就将开启设计之路。请大家继续观看视频。

播放微课 3.0 视频：视频中的学生呈现了自己的数学问题并加以讲解。

师：同学们，相信你们也提出了自己的问题，生活中的速度能够引发大家这么多的发现和思考来提出问题。那么，什么样的问题能够被选出来和大家一起参赛呢？

学生讨论后回答问题。

生5：提出的问题不要凭空想象，要有实际意义。

生6：形式可以多样化，以线段图的形式出现更清晰。

生7：问题一定要表述清楚，信息完整。

生8：值得我们思考的问题。

[评析：数学学习就是一个经验的激活、利用、调整、提升的过程，不断给学生设置"关卡"和"项目"，借助微课 3.0 视频产生连锁反应。"路程、时间、速度"这三个数量中，"速度"最难理解，却也是最核心的，观看微课 3.0 视频让学生融入其中，真正做到空间共享，集思广益，能更好地理解"速度"的含义。

以解决"什么样的问题可以参赛"为载体的故事底蕴，在微课 3.0 视频的渲染和烘托中，实现基础知识学习目标的同时，让学生经历了一系列的用口头语言表达的演绎推理过程，在基础知识教学中落实推理素养的培养得到了充分的展现。]

片段二

播放微课 3.0 视频，让学生根据刚刚讨论的提问题的标准开始修改自己提出的问题。

师：对比修改前后的问题，修改的理由是什么？谁来说一说？

（学生汇报。）

生1：我最初的问题是"猎豹的奔跑速度是 32 米/秒，那么 3 时它能跑多少米"。

生2：这道题还涉及单位换算，而且猎豹连续跑 3 时，速度也不可能不变啊。

生1：是的，所以我将问题修改了，现在的问题是"猎豹的奔跑速度是 32 米/秒，4 秒能否跑完 100 米的路程"。

生2：这样就合理多了。

师：通过同学们的修改，问题更加完整而且还很有实际意义。下面我们一起看看淘气他们是如何修改自己的问题的。

播放微课 3.0 视频。

师：通过刚刚的分析，同学们是否对速度、时间和路程有了更深入的理解呢？

师：同桌之间互换问题，快来解决你们自己提出的问题吧。

师：你们真了不起，能够自己收集素材，提出有效问题还能准确解决问题，为你们的精彩表现点赞。

师：生活中还有一些问题需要我们用实验去验证。

播放微课 3.0 视频。

学生观看实验视频，比较同一高度纸张和纸团的下落速度。

师：同学们你们看，没想到一个问题能够引发这名同学有这么多的思考，相信你们在今后的学习中也能提出很多值得思考的好问题，如果你产生了新问题，一定要及时记录下来，我们共同来探讨。

全课总结，学生谈收获。

学生提出的问题展示如图 1。

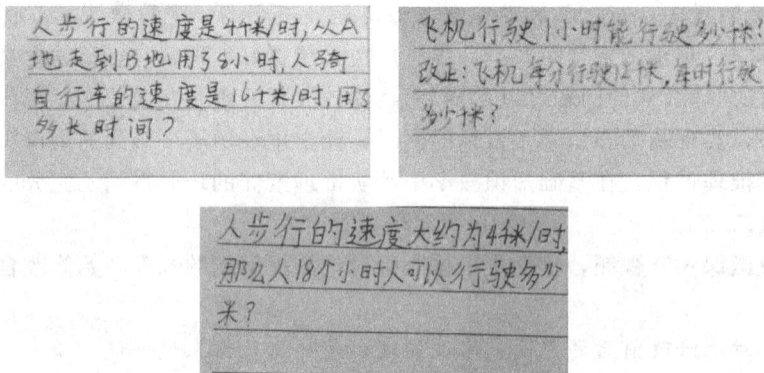

图 1

［评析：在上述阅读教学中，教师通过让学生提出合理性问题，顺势引导学生思考如何修改问题，并论述理由。学生经过讨论之后，自然而然地想修改的方向，这样的教学让学生充分经历了知识的"再创造"过程，有效地突破了学习的难点，抽象、推理素养与创新意识的培养也落到了实处。小学生对新鲜事物较为感兴趣，在教学过程中，教师引入富有故事性、互动性的数学微课，把呈现的知识动态化、趣味化，让学生产生一种好奇感，一直保持兴奋的学习状态。］

本节课，微课 3.0 在教学中发挥了至关重要的作用，特别是对于一些数学阅读中所涉及的数学问题，学生更愿意通过这种教学模式去学习。教师的动态演示、示范引领、学生的操作体验得到了有效融合。

第五篇　教学有方

【导语】

新世纪（北师大版）小学数学教材编写组集中名师的力量，研制出了精彩的微课 3.0，在新冠疫情期间，给广大的教师带来了极大的便捷。如何用好微课 3.0？教师各展其才，各抒己见。

北京市海淀区实验小学的陈丹萍老师和北京市八一学校的胡丹丹老师分别在"基于学情的网络自主学习策略研究"和"巧用微课　促进真理解"这两篇文章中，介绍了如何借助微课指导学生自主学习，通过微课帮助学生主动探索、真实理解。吉林省长春吉大附中力旺实验小学的刘丹瑶老师在"双线融合，走近微课"一文中，介绍了自己如何在不同的课型中运用微课，并制作微课的思考与探索。四川省成都市金建小学校的谭玲玲老师在"自我提问，促进学生深度学习的秘密武器"一文中，阐述了在利用微课教学的各个环节如何让学生自主提问，以促进对知识的深度探索。吉林省长春净月高新技术产业开发区明泽学校的庄着君老师在"线上线下巧融合　关注本质求真学"一文中，结合自己线上线下融合教学的实践，解读了"混合式学习"的意义，微课成为课堂上学生思维的引领者，使学生的学习走向更深层次。

相信您会从这些文章中发现，教师在课堂中关注的不仅仅是知识，而是借助微课唤醒学生思考的活力，培养学生自主探究的能力。

基于学情的网络自主学习策略研究

北京市海淀区实验小学　陈丹萍

2020 年年初，新冠疫情肆虐全球，为保障学生的安全，学校没有正常开学。4 月 13 日，居家学习正式拉开了序幕，这对于教师和学生而言都是一次新的挑战。提到网络学习，其实我们并不陌生，大多就是看网课自学，这种学习方式更适用于有一定自律意识的成年人。而小学生自我管理的能力本来就弱，再加上网络学习缺少了面授教学时教师的引导与督促，缺少了有序的同学互动与小组合作，又该如何保证其教学的实效性呢？带着这些思考，我在实践中摸索着，也做了一些尝试。

一、家校沟通，缓解焦虑，解决家长的后顾之忧

新冠疫情带来的影响涉及各行各业，每一个家庭，甚至是每一个人。像网络自主学习这种新生事物往往会给人们带来焦虑的情绪，作为家长会担心如果孩子不自觉，给不给孩子手机？孩子遇到困难，自己又无法辅导怎么办？长期使用电子产品，孩子的视力下降怎么办？作为教师，我们也在担心：学生学不会怎么办？这么多学生，又该如何进行网上管理？作为学生，最大的担心可能就是自己听不懂课或不会做题怎么办。

为了帮助家长和学生缓解这种焦虑的情绪，我在确定线上学习的第一时间就开始和家长、学生沟通，和每一位学生、家长建立好微信联系，保持信息通畅，并多方面了解各家的情况，因势利导，因材施教，尽自己最大努力帮助他们解决困难。对于自觉性较差的学生，我建议在家长的监管下进行网络学习；学生遇到困难随时可以给老师留言，我的手机全天保持开机答疑；有些家长因为工作忙，孩子只能放在老人身边，我会主动联系学生，关心其学习和生活。

相互信任、相互理解，教师真心付出为家长解决后顾之忧，这为网络自主学习的推行提供了有力保障。

二、转变方式，因势利导，逐步学会自主学习

在实践的过程中，我也发现了很多问题：即使提前发了一周学习安排表，有些学生也不知道每天该如何规划自己的学习；有些学生看网课囫囵吞枣，不会按

暂停和回看，也不会跟着做题和思考；还有些学生不看网课盲目做题，导致错误百出；甚至有些学生遇到不会的题就抄答案，有抄教辅资料的，也有和同学建立微信群相互抄的，小组群变成了抄作业群，学生对教师的点评置若罔闻，同样的错误屡见不鲜……可见，学习方法的指导势在必行！

（一）视频演示，直观地呈现自主学习的流程

面对这些问题，我想最重要的不是学习知识本身，而是让每一名学生明晰自主学习的流程与方法，懂得该如何安排自己一天的学习。尽管我们早就以文字的形式告知了自主学习的整个流程，但可能阅读文字不便于理解，于是我们又做了一个自主学习的小视频进行了直观演示。基于学生第一周所出现的种种问题，我们在视频中有针对性地进行了指导，特意强调了线上学习暂停、回看的功能，以及跟着视频做例题，及时完成作业、自判自改，有不明白的私信教师等一系列自主学习习惯方面的指导。为了调动学生和家长的观看兴趣，我们借助抖音软件进行剪辑，以生动的画面配以关键词说明，并把时长压缩成了最终的 40 秒。视频发布后，受到了家长和学生的一致好评。

（二）组建小组群，巧管理，引发学生深度思考

由于班里的学生大多都有各种课外班，能参与小组群讨论的时间段也就各不相同。于是，我和班主任统计了全班每一位学生能参与讨论的时间段，按照时间段归类整理，划分成了 6 个学习小组，平均每个学习小组大约有 7 人。每个组推荐一名组长协助老师管理群内事务，并明确工作的职责与权限，以保证小组学习的有序进行。

按照每个小组群不同的学习时间段，我会提前通知组长布置讨论主题（一般都会具体到某一个问题或某一种做法），然后给大家预留足够的思考时间，保证小组讨论的质量。如设计"长方体展开图"这一主题时，为了便于交流，我规定了长、宽、高的数据分别为 5 厘米、3 厘米和 2 厘米。学生先自己尝试设计，在这个过程中发现并提出问题，带着这些问题和发现再参与到小组讨论中来，就会引发更有深度的思考。图 1 是秋小组的学生在小组群中晒出的部分研究成果，有图片也有视频。

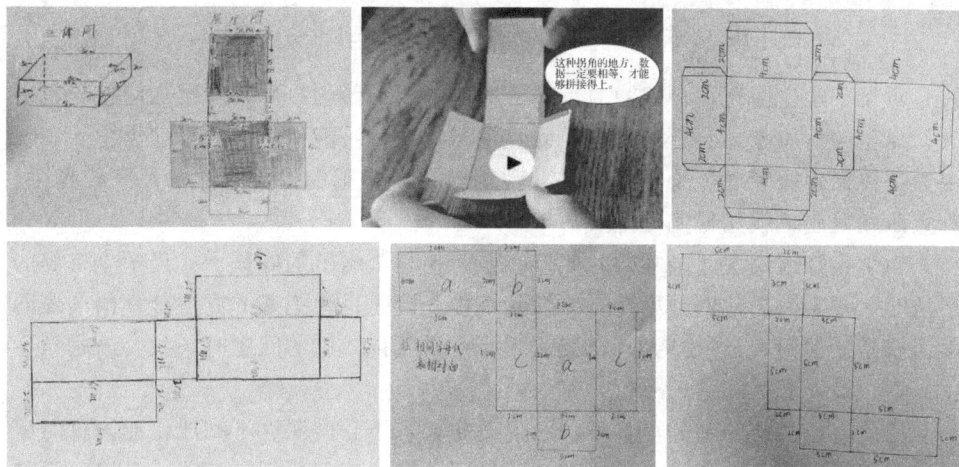

图 1

(三)有效指导，确保网络自主学习的实效性

我们选择的学生居家自主学习的线上学习资源，图文并茂，几乎再现了平时课堂教学中出现的所有典型方法。但由于每个班的学情不一样，所以，教师必须做相应的学习指导和个别辅导，才能尽量保证学习的实效。

考虑到大多数学生都是上午 8:00 以后就会陆续开始看网课，我 7:30 就在小组群中发布当天的学习指导，提醒学生学习时需要注意的地方和当天要完成的作业(如图 2)，并鼓励学生成为自主学习的小能人。

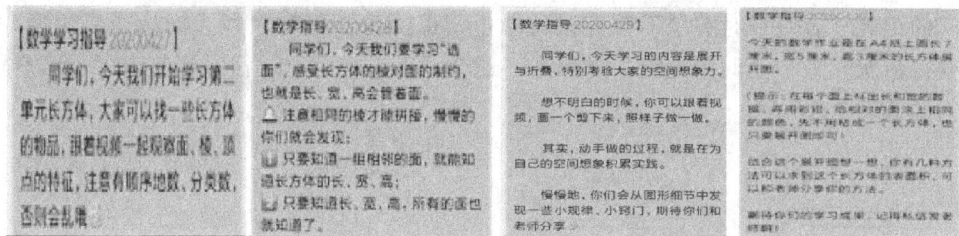

图 2

相比全班指导、小组指导，个别指导的压力是最大的。尤其是对学习能力比较弱的学生，其文字阅读能力就有困难，所以，不建议用大段的文字去说明。此时，语音、图片、视频这些更直观的方式，才能帮助他们更好地理解。例如，有一名学生忘了四年级时学的解方程的方法，于是我给他举了两个例子，分别录了两段小视频，他看完就慢慢明白了……

三、培养自律，激励成长，努力成为自主学习小能人

对于小学生而言，自律能力是非常薄弱的，同龄的男生和女生之间差异也很大，男生的自律能力会更弱一些。线上学习，教师不能面对面地管理学生，家长因为工作又无暇管理孩子，面对这种种困难，树立正确的舆论导向，家校携手，设立激励机制，就显得尤为重要！

当学生知道说谢谢老师的时候，我会夸他是个懂事的好孩子；当学生有好的想法时，我会表扬他们会思考、有探索精神，同时也会把好的方法分享给全班同学，或是让他们来当"小老师"；当遇到一些具有挑战性的问题时，我会鼓励学生去探索，设立有奖问答……

当然，也会有一部分不自觉的学生，比如，不看网课、不完成作业，这时家长的作用就必不可少了。还要根据学生的不同情况制订可行的方法，多以正面鼓励为主。如我班的小远同学，平时在校学习就很困难、作业拖拉，网络学习的自觉性可想而知。原先我只有他家长的微信，因为线上学习的需要我也和他互加了微信。从他的朋友圈中，我发现了他特别会照顾自己的妹妹，像个当哥哥的样子，于是便鼓励他成为妹妹的"偶像"！虽然是网络学习，他每天都会和我语音连线，向我请教学习中所遇到的困难，努力按时完成当天的作业。

学生在这种激励的环境中成长，自律的行为一次一次被正强化，逐渐成为我们所期待的自主学习小能人！

网络教学任重而道远，工作几乎占据了我们一天所有的时间，也要付出比平时更多心血，往往都是从早忙到深夜。然而，这无形的网络也拉近了师生彼此之间的距离！有些平时在校不善言谈的学生，也因为常常和教师、同学微信沟通，变得活跃起来，他们懂礼貌、爱思考，还会一点小幽默，这让我更坚定了自己肩上的这份责任……

巧用微课　促进真理解

北京市八一学校　胡丹丹

　　新世纪小学数学网提供了高质、全面的微课资源，给青年教师备课和课堂运用提供了有力的帮助和指导，在特殊学习时期发挥了不可替代的作用。特别是微课3.0的资源，关注学生的认知起点，注重情境创设、真问题的提出和学生操作视频的演示，能很好地帮助学生学习和理解，让网络学习变得容易亲近。

　　下面结合新世纪(北师大版)小学数学教材一年级下册第三单元"生活中的数"中"小小养殖场"一课的教学谈谈我的体会。

一、看视频先学

　　"小小养殖场"是一年级下册第三单元第 4 课时的内容，教材创设的情境是让学生学会运用"多一些""少一些""少得多""多得多""差不多"等词语描述数量之间的多少关系，初步理解"多一些""少一些""少得多""多得多""差不多"等词的含义，体会数的相对大小，以帮助学生建立良好的数感。(如图1)

图1

课前，我布置学生观看微课3.0，并独立完成学习单。（如图2）

八一学校一年级数学自主学习单

一年级数学自主学习单				
课题	小小养殖场	班级		姓名
我学会了（我把视频学习中学懂的知识画一画，写一写，记录下来。）				
我的❓（通过自主学习，我还有不懂的地方，想提出一些数学问题。）				

1. 跑步的有86人。

跳远的可能有多少人？（画"○"）
跳绳的可能有多少人？（画"√"）

88人	12人	76人

2.

淘气的爸爸今年可能多少岁？（画"√"）

39岁	50岁	28岁

3. 一（1）班有43人去春游，坐哪辆汽车比较合适？

30座	40座	50座	60座

图2

整理学生的自主学习单发现，大多数学生对何时使用"多一些""多得多"等词语来描述大小关系不是十分理解。学生虽然能判断定量的关系，但定性来描述事物之间的关系还是有困难的。（如图3）

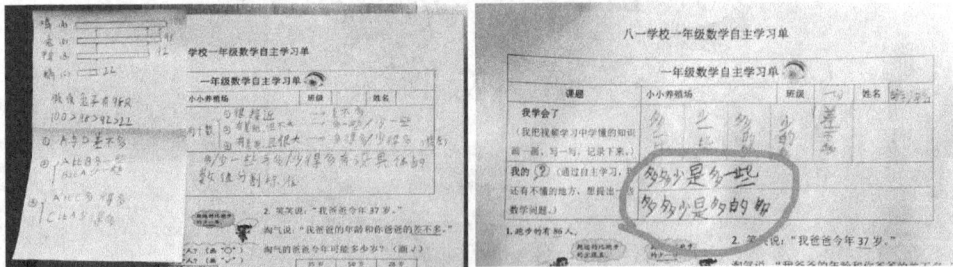

图3

二、微格再交流

"多一些""少一些"这些词本身就是不确定的，带有一定的模糊性。如果不能经历体验、感悟和描述，学生很难真正理解。于是，在课堂上我与学生一起再看

视频，进行讨论交流。（如图 4）

图 4

师：从图上看，谁比谁多？

生1：鸡比鸭多，鸡也比鹅多。

师：观察得很仔细，鸡比鸭和鹅都要多，但是有没有一点区别呢？

生2：鸡比鸭只多了一点点(教师顺势圈出)。但是，鸡比鹅却多了很多。

师：那我们可以怎么说？

生3：鸡比鸭多一些。

生4：鸡比鹅多很多。

师：那鸭比鹅怎么样？

生5：也可以说鸭比鹅多很多，因为也多了很长的一截。

师：说得真好，都是多，但是多的程度不一样。有的可以说多一些，有的可以说多很多。还有谁能再把这个图中的三种家禽比多比少的情况再描述一下？

生：……

三、画图促理解

在学生经历了充分的理解、感悟和表述后，我让学生围绕如下的情境进行思考：松鼠妈妈采了 100 个松果，松鼠爸爸和小松鼠分别采了 34 个和 85 个，比较它们采的松果数，怎么说合适？

学生纷纷画图来表示(如图 5)，并进行描述：100 比 34 多得多，85 比 34 也可以说多得多，看图就可以理解。但是，100 比 85 多的部分只有很少的一些，所以，应该说松鼠妈妈比小松鼠采的多一些。

借助如视频中的画图来表示，确实是一种好办法。通过直条的长短来感悟数量之间的大小关系，更容易理解数量间的相对大小关系没有绝对的标准，需要结合具体情境进行描述。可以说，直观图给学生留下了深刻的印象，加深了对知识的掌握。

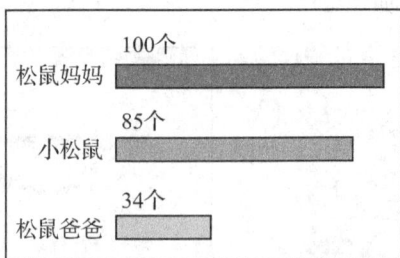

图 5

最后，让学生独立完成课本上的第 4 题（如图 6），学生的思维也非常清晰，得益于微课 3.0 中介绍的好方法，学生的理解很到位。

图 6

新世纪小学数学的微课资源很好地读懂了学生的认知起点和学习的困难点，并让学生去操作、解释和运用，在激发学生学习兴趣的同时，也成为教师教学的好帮手。

双线融合，走近微课

吉林省长春吉大附中力旺实验小学　刘丹瑶

"庚子初，乙亥末。大疫漫溢，奋战月余。"受此影响，所有学校推迟开学，无论是教学方式、学习方式以及教师和家长之间的合作等，都产生了一定的变化，也使得本作为传统教学中辅助教学的微课和直播，在此期间成了学生获取知识的主要形式。新冠疫情发生以后，线上、线下融合的"混合式学习"成了我们学校教学的新模式。同时，线上教学呈井喷式发展的态势，也大大加速了教育信息化发展的步伐。

于我自身的线上教学而言，受微课的影响最大。微课，其特点就在于"微"这个字眼上，所有微课具备的一个共同的特点就是短小精悍。

大多数的视频都只有几分钟的时间，比较长的视频也只有十几分钟，大大缩短了课堂时间。而且，每一个微课视频对于特定的问题，都具有较强的针对性。微课视频的长度通常控制在学生注意力能比较集中的时间范围内，非常符合学生身心发展的特征，而且微课这类的视频是通过网络发布的，它具有暂停、回放等多种功能，学生可以根据自身情况进行控制，有利于学生的自主学习。基于微课的诸多特点，下面就和大家聊聊我与微课的那些事儿。

一、"五学云课堂"中的微课

新冠疫情期间，我的数学课堂是以"五学云课堂"（线上讲学、线上独学、线上思学、线下固学、线下合学）的形式开展的（如图 1），主要采用微课与直播并行式的模式进行教学，这里主要为大家介绍关于微课的一些情况。

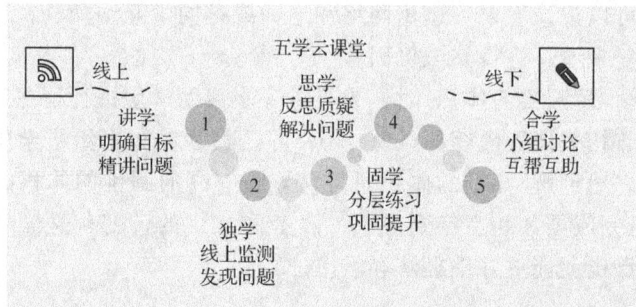

五学云课堂

线上

讲学
明确目标
精讲问题

1

独学
线上监测
发现问题

2

3 固学
分层练习
巩固提升

思学
反思质疑
解决问题

4

5

线下

合学
小组讨论
互帮互助

图 1

1. 基于传统，推陈出新

我们都知道，微课是从传统课堂中演变和发展来的，同时又区别于传统课堂的教学模式。它似乎并不像我站在讲台上为学生讲课，微课会让人感到贴心，就像我们同坐在一张桌子面前，一起学习，并把内容写在一张纸上。这是微课视频与传统的教学录像和课堂教学的不同之处。在学生自主学习的情况下，传统教学中出现的教师的模样以及教室里的各种物品摆设，都会分散学生的注意力，对学生的听课质量产生影响。

首先，微课可以不断强化复习的内容。在平时线下的传统课堂中，每当面对多个知识点的复习环节，总是让我苦于没有合适的教学方案能够既方便又高效地帮助学生掌握全部知识点。题海战术也并不是适应所有学生，一些学生就算是再多的题也不能使他们理解其中的奥妙。但是微课就不同，我可以利用微课，根据学生的不同水平层次设计出不同难度的习题，让他们在观看视频时，可以选择适合自己接受能力的内容进行学习，不断进步，逐步提高。

其次，微课可以让数学概念形象化。在小学高年级的数学教学中，会涉及很多数学概念方面的内容，如果单单是凭借一句专业性的描述展现给学生，是不利于他们理解记忆、运用掌握的。我通过微课的形式，将很多烦琐复杂的专业描述变成了以图片、视频和音频为主的形象化展示，让学生能够非常透彻地理解含义，灵巧地记忆内容，并在练习之中灵活运用。

2. 着眼线上，匠心独运

新世纪小学数学微信公众平台的精品微课3.0给予了我很大的帮助，无论是精致的视频制作，还是面面俱到、节节必精的课程安排，都成为我在新冠疫情期间数学教学的一盏指路明灯，为我提供了很多便利条件。我将这些精品微课视频发给学生，供他们学习使用。

虽然新冠疫情期间我们的教学方式是线上教学，学生和我没有办法面对面进行交流，但是也绝对不能忽视此过程。学生在运用微课3.0自主学习的时候，一旦遇到问题都可以记录下来，运用网络和老师或是同学互动交流；也可以依靠对微课3.0的反复观看，进行知识巩固。

例如，在学习"圆锥的体积"时，为了进一步帮助学生进行猜想和验证，课前我就找到了一节相关课程内容的微课3.0，并且将视频分享给了学生。让他们通过微课3.0更好地理解"圆柱的体积同它等底等高的圆锥的体积的3倍是相等的"这一关系，完成图片和文字到视频、声音和文字的转变，这样学生对于圆锥体积这一知识点也就能更好地理解和掌握。

二、"翻转课堂"中的微课

面对"互联网＋"时代的机遇和挑战，"翻转课堂"作为一种充分利用信息技术的新型教学模式，成了推进"互联网＋教学"的有效途径之一。

1. 创新翻转，自主学习

"翻转课堂"教学模式使学生能够更专注于主动的基于项目的学习，教师采用讲授法和协作法来满足学生的需要和促成他们的个性化学习，其目标是为了让学生通过实践获得更真实的学习，为了让学习更加灵活、主动，让学生的参与度更高。

"翻转课堂"旨在从传统的"课上学新知，课下内化知识"翻转为"课下学新知，课上内化知识"。但经过深入思考之后，我发现其实这种教学模式翻转的不仅是一种教学形式，更重要的还有观念和习惯：由过去"我教、你学"到现在"你学、互教"，课堂上更多的是师生间、生生间的沟通、交流和解决问题。

2. 角色转换，先学后教

"翻转课堂"使学生学习过程中"信息传递"和"吸收内化"两个阶段整体向前移动，对学生的学习过程进行了重构。最后呈现为"信息传递"由学生在课前进行，作为教师的我不仅可以提供微课视频，还可以提供在线辅导；"吸收内化"则是在课堂上通过互动来完成的，因为我能够提前了解学生的学习困难，从而可以在课堂上给予学生有效的辅导，而且同学之间的相互交流更有助于促进知识的接收内化。

在这一过程中，微课的地位就显得尤为重要了。对于每一节微课，学习目标的精准把握，教学内容的完整呈现，教学时长的有效控制，教学资源的合理利用，课后习题的分层设置，形式方法的引人注目等，都可能成为决定学生课前"信息传递"是否顺利的直接因素。

例如，在学习"圆的认识"的时候，我在教学之前，运用微课，帮助学生先去复习之前学过的三角形、长方形的知识，在对之前学过的知识做好巩固之后，再引出要学习的图形，通过看微课视频学习，掌握学习内容。之后通过课堂上的答疑、练习和辅导，进一步夯实学习内容，做到对本课知识的有效吸收和内化。

三、躬身实践，制作微课

基于"五学云课堂"和"翻转课堂"中的微课给予我的灵感和启发，我喜欢上了微课这种形象生动、方便学习的教学资源，也开始尝试设计并制作微课视频。虽然知道，像新世纪小学数学微课 3.0 中那样的精品微课所呈现出的课堂内容和效果，绝非一朝一夕可以练就制成的，但是我还是抱着尝试的心理和努力的态度参加了一场微课视频大赛——新世纪小学数学第十三届全国(网络)悦读活动"微课"主题比赛。

我所呈现的微课视频内容是新世纪(北师大版)小学数学教材三年级上册认识"年、月、日"知识点的拓展，与时、分、秒相比，年、月、日之间的关系更加复杂。学生已经在生活中有了一些认识和经验，为了让他们对知识更加感兴趣，本次视频介绍了从古至今的计时方法，通过有趣的历史故事揭示平年、闰年及月份、天数的来历，极大地丰富了学生对时间知识的充分认识，感受数学文化的魅力，激发他们的好奇心，长线浸润式的学习鼓励学生用智慧创造更多的计时工具和计时方法。

这次比赛历经了3个月，从制作课件到录播再到剪辑、发布，我冲破各个关卡，经过层层选拔，历经初稿评审、改稿定稿、直播评选，最终获得全国一等奖。我所参赛的微课视频"奇妙的时光之旅"在三年级组展示作品中，也被专家评委选定为全国分享微课视频，并在CCtalk直播平台上进行了分享。

回首这几个月以来的教育教学实践，我克服了许多困难，解决了众多线上教学的问题，微课的使用使我重新思考了对教育的理解。它所带来的新机遇、新挑战，也势必引发新问题和新困惑，同时预示着对未来教学新境界的追寻：线上教学与线下教学的融合。

微课，把干瘪而毫无生气的知识变得血肉丰满、栩栩如生，把我们枯燥的教学活动变得有声有色，真正做到寓教于乐，让学生在看得见、听得到、摸得着的环境中学习。它对提高我们的教育教学质量会有很大的帮助，它对提高我们教师的教学水平和再学习能力也有很大的促进。在未来的教育教学中，我也定会充分运用微课这一教学资源，构建高效的教学课堂，打造高质量的数学课堂，促进学生数学素养的提升。

自我提问，促进学生深度学习的秘密武器

——以二年级下册"比一比"一课为例

四川省成都市金建小学校 谭玲玲

2020年新冠疫情期间，很多学校采用网课的学习方式，虽然保证了学习任务的进行，但这样的学习模式容易因教学互动性不够、学生思考不足、表达交流缺乏等，造成学生的学和教师的教都不够有深度。那么，我们怎样才能更好地利用微课3.0，实现线上的深度教学？我区教研员提出的"微课用于导学"的方式非常适合。

以新世纪(北师大版)小学数学教材二年级下册"比一比"一课为例，这节课是在学生已经认识了"千"和"万"这样更大的计数单位，能正确读、写万以内的数之后，结合"比一比"的现实情境，体会并掌握万以内数的大小比较的方法。

学生已有100以内数的大小比较的经验，对于新课的掌握并不太困难，但如何培养学生的迁移能力，发展数感，真正做到深度理解和认知？我认为，要弥补学生自己观看微课的浅层次学习，就应当用"自我提问"的方式，加强元认知训练。所以，我把这节课的元认知训练要点制订为：(1)让学生了解可以通过自我提问进行学习的元认知知识；(2)引导学生通过自我提问监控自己的学习状态和思考状态，实现反思性的学习；(3)通过自我评价激发学生积极的元认知体验，提高学习兴趣和自我效能感。

看了微课3.0中"比一比"的视频，我发现有很多的优点值得学习，那就是触发、探究，再提升。下面，我就结合"比一比"这节微课，具体说一说怎样运用"自我提问和评价"，在各个环节对学生进行元认知训练，促进学生实现深度学习。

一、导入环节

在导入环节，微课3.0以学生介绍的形式，了解伟大祖国四座名山的海拔。当出示了数学信息后(如图1)，我们可以按下暂停键，引导学生自我提问。例如，结合数据，我能提出哪些有价值的数学问题？并将提出的数学问题说出来或写下来。

海拔约1865米　海拔约575米　海拔约1533米　海拔约2155米

图 1

这样，不仅要会提问，还要监控自己并大胆地表达，养成自主提出数学问题的意识和习惯。

二、探究环节

进入探究环节，呈现问题"这四座山，哪座最高？哪座最矮"之后，微课 3.0 提示学生暂停，开始独立思考。这时，我们也可以追问："要解决这个问题，你有什么好办法？还要进行自我评价哦！"

我们可以在学习单上设置如下表格（如表 1），自我评价和自我提问是一一对应的，让学生通过加星的方式对自己的思考状态进行评价。这里的自我提问，可以帮助学生监控自己的思考状态，促进多角度思考，实现深度学习。

表 1

自我提问： (1)我能想到哪些方法？ (2)我能想清楚每种方法的思路吗？	自我评价： (1)我能想出多种方法解决问题。 (2)我清楚每种方法的思路。

接着，是尝试表达和互动交流。但由于是线上学习，没有互动交流的对象，怎么办呢？我们可以引导学生先把自己的想法轻声说一说，或说给自己听，或说给身边的人听，之后再组织学生听一听微课 3.0 中同学的好方法。如果是常规课堂，则让学生合作分享。

这个环节，我们可以引导学生自我提问和自我评价（如表 2）。

表 2

自我提问： (1)我的方法和他们一样吗？我还有补充或疑问吗？ (2)听了别人的方法，我原来的认识有完善和进步吗？	自我评价： (1)我能理解别人的方法并进行判断和补充。 (2)听了别人的方法，我原来的认识有完善和进步。

随后，微课 3.0 展示了学生的各种方法。学生能够从微课 3.0 中了解到同一个问题的不同解决思路，学生观看这些方法时边看边问、边看边想，很容易进行自主优化，实现深度理解。

元认知参与的学习是反思性的学习，这节微课 3.0 也是这样设计的。在解决了"将 4 个数按从小到大的顺序排列"这个问题之后，引导学生全面梳理和总结了比较万以内数的大小的方法。为了更好地巩固新知，并将新知纳入已有的认知结构中，我们可以在微课 3.0 进行方法总结之前按下暂停键，引导学生先进行自我评价，提示学生不仅要总结方法，还要找到新知与旧知之间的联系。

自我评价（如表 3），可以帮助学生及时总结反思，沟通知识之间的联系，不仅可以总结万以内数的大小比较的具体方法，还可以与 100 以内数的大小比较的方法进行对比，发现知识之间的联系，实现深度学习。

表 3

自我提问： (1)我知道万以内数的大小比较的方法了吗？可以怎样比较？ (2)万以内数的大小比较和 100 以内数的大小比较有什么联系（相同点和不同点）？

三、提升环节

在最后的提升环节，微课 3.0 还非常注重引导学生将所学知识进行迁移与应用，安排了极具趣味的练习题（如图 2）。特别是讲解中从学生的困惑出发，以学生的角度思考，并且由学生担任小老师进行讲解，非常的清晰和易懂。

练一练

1. 收玉米。
   (1) (   )收的玉米最多，
       (   )收的最少。说一
       说你是如何想的。
   (2) 按照从大到小的顺序
       排列四个小动物收的
       玉米数量。

1503 根　1468 根　740 根　3650 根

(   ) > (   ) > (   ) > (   )

图 2

不过，从元认知的训练角度出发，我们可以先让学生自主完成练习题，然后自我提问：我能很好地运用今天所学的方法吗？最后再观看微课 3.0 中同学的好方法，以丰富自己的理解和认知。

将微课 3.0 妙用于学习的各个环节，引导学生"自我提问和评价"，久而久之，学生便能自主地去发现和学习别人好的方法或习惯，会自主地寻找新知和旧知之间的关系和不同方法之间的内在联系，触摸数学知识的本质，真正实现深度学习。

线上线下巧融合　关注本质求真学

吉林省长春净月高新技术产业开发区明泽学校　庄着君

> 冬来了
> 山冻得在发抖
> 水冻得在哆嗦
> 在这最暖的寒冬
> 在这最激烈的比赛中
> 我们留下了最美好的邂逅

四月之久磨利剑，十二月宝剑试锋芒。新世纪(北师大版)小学数学教材编写组举办的"新世纪小学数学第二届全国名师工作室教学设计与课堂展示活动"落下帷幕，本次大赛共集合了 24 个名师工作室、36 个基地校代表队，以微课 3.0 为载体，以设计和课堂展示为手段，聚焦"'混合式学习'方式实践与探索"主题。回想精彩的比赛历程，站在新世纪小学数学广阔的平台上，我备感珍惜这来之不易的参赛机会，获益良多，久难忘怀。

一、同心所向，比肩同行，拓展认知的宽度

从接到参赛通知那一刻起，我们认真研读大量关于"混合式学习"方式的文献，从国际和国内专家的论述中解读出："混合式学习"方式可以分为学习方式、学习资源、学习环境等多种要素的混合。正如任景业老师所说："在自学的课堂学习中，微课 3.0 已经成为学生的重要选择，我们今天的实践探索就是在尝试为学生造福。其实如果从混合一词解读，世界、社会、生活、学习都是混合的。有复杂性理论认为，学生学习是复杂的，从这个意义上思考复杂等同于混合，'混合式学习'就可以分为'狭义'和'广义'两种混合方式。"任景业老师的阐述让我们又重新定位对微课的认识，什么时候用微课和微课用到什么程度成为我们重点关注的问题。这让我们从懵懂走向坚定：线上、线下融合不是对线下教育的简单补充，不是把线下教育移到线上，也不是线上、线下教育的简单相加，而是线上、线下教育的有机融合，线上教学成为像黑板和投影一样"自然"地融入线下教学，我们团队理解的融合就是"自然"不刻意，充分发挥各自的优势和不可替代性，实现 1+1>2 的效果。

二、深刻打磨，精益求精，确保融合的适度

从一开始对"混合式学习"方式的解读，到微课与课堂的简单相加，再到微课与课堂本质和意义的巧妙融合，提高课堂的效率，我们一步一个脚印，扎扎实实地推进"混合式学习"主题教学研究。

1. 思考什么时候用微课，明确长方形面积的本质

三年级下册"长方形的面积"学习之前，学生已经初步认识了面积和面积单位。教材中的第一个问题是让学生发挥想象摆单位面积，这是一个让学生亲身体验自己创造长方形的过程，微课 3.0 中直观形象地呈现了单位面积铺满长方形，既有长方形面积本质的渗透，即长方形的面积指它包含了多少个单位面积，又对教学的重点、难点有一定的启发作用，所以，我们选择微课 3.0 作为课堂学习的补充。我们在关键时刻使用微课 3.0，因为微课 3.0 有机结合声音、图片和直观操作，充分调动学生的积极性，激发学生思维活力，从而更充分地投入到新课学习中。

2. 思考哪里适合用微课，理解长方形面积公式的意义

我们把教材中的第三个问题"填一填、想一想"变为"试一试、想一想"。表格是学生学习过程中很好的工具，但同时具有一定暗示作用，表格的设计带有教师的想法，这就固化了学生的思维方式，没有给学生用自己的元认知去完成挑战性问题的机会。本环节我们提出了有思考性的问题：你最少需要摆几个单位面积就能求出长方形的面积？解决这个问题时，学生呈现出很多种不同的摆法：从最初不重叠摆用 28 个单位面积到摆满四周用 18 个单位面积，再到后来的只要 10 个单位面积，这就反映出学生的思维在逐步提升，最后发现长方形面积公式的秘密：完全可以不用单位面积来摆，用直尺去测量这个长方形的长是 7 厘米，表示一维的 7 厘米可以摆二维的 7 个单位面积，而宽是 4 厘米，表示一维的 4 厘米可以是这样的 4 排，也就是说"长×宽＝每行摆的单位面积的个数×行数＝长包含的单位长度的个数×宽包含的单位长度的个数"。其实这个过程就是学生突破难点的过程，在一维的线段长度与二维的单位面积个数之间建立了长、宽、面积三者的对应关系。

在学生分享完自己的思考之后，展示微课 3.0 中表格的方法。教学实践表明，在教学进度、时间基本限定的情况下，班级群体中学生的数学知识、技能、思想、方法等都有着不同程度的差异。针对以上情况，适当地将微课 3.0 穿插于课堂中，通过动画呈现"填写表格—推导出公式"的过程，学生既能掌握长方形面积用公式"长×宽"来计算，更重要的是学生又能清晰地解释为什么可以用"长×宽"来计算长方形面积。在试讲过程中，有学生感叹："啊，原来如此！"这足以证

明微课协助学生对长方形面积公式的理解有了恍然大悟的感觉。这也突出微课的优势所在：对于课堂上还没完全理解的知识点进行再次学习，能辅助学生有效地理解并突破重点和难点；同时，也能让不同学习程度的学生可以针对自己薄弱或更具挑战性的内容进行学习。在课堂上，微课成为思维的引领者，起到了"因材施教"的作用，有助于促进教学时间合理分配，优化教与学的过程，达到事半功倍的效果。

三、研思促长，未来可期，走向有深度的课堂

"好课"是从课堂实践中熔炼出来的，没有任何捷径可行，这是教育行为修炼的颠扑不破的法则。史宁中教授也曾说："我们必须清楚，世界上有很多东西是不能传递的，只能靠亲身经历。"在"'混合式学习'方式实践与探索"主题的引导下，我们深刻体会到"研课"的价值，也认清了"团队的力量"，团队成员集思广益，相互扶持，在切磋中共同进步。

学生经历知识产生的过程，教师关注数学知识的本质，这样的课堂才有探究的味道。从文化情境进行意义创设；从熟知走向真知的意义联结；从启发性总结和情境化练习，让习题化难为易的意义巩固。整个教学过程充分给予学生思考、交流的时间和空间。我们从最初的懵懂，到如今的深刻认识，学生从上课前的混沌到上课后的恍然大悟，也让作为教师的我们找到了一条通向数学知识本质的探索之路。

长路漫漫，继续前行。新世纪小学数学为广大教师提供了展示自我的平台，让我们聆听到专家的高屋建瓴，欣赏到五湖四海的教育成果。我们会继续在新世纪小学数学的平台上，苦练内功，厚积薄发，积淀数学文化素养。在追求教育梦想的路上，不忘初心，栉风沐雨，砥砺前行，研讨着、思考着、收获着……

因"聆听"而唤醒，因"思考"而创造，因"微课"而结识，因"混合"而进步，因"分享"而成长！

第六篇　和微课3.0的故事

【导语】

　　2020 年的新冠疫情，使在线教育成了一道必选题。在举国上下师生居家的大背景下，"停课不停学"使微课，确切地说是微课 3.0 的产生成为必然。微课 3.0 要求教师暴露学生的迷思、引发学生讨论，让学生经历"有过程的"学习，这样的目标定位，体现了新世纪小学数学人对新冠疫情之下数学学习新方式的深刻理解与实践追寻。

　　实践效果如何呢？我们从数据上能看出师生对微课 3.0 的喜爱，截至 2020 年 12 月 31 日，974 节微课 3.0 公益上线；5 大平台联合发布；注册用户分布全国 346 个城市；累计播放 3.5 亿次；等等。这些数据透露出的是微课 3.0 的魅力，从本栏目的文章中，我们可以透过数据，看到更多人和微课 3.0 发生的情感故事。

特殊的约会

——与微课3.0之缘

新疆维吾尔自治区昌吉州教育考试中心　王爱丽

2019年10月31日，我成为一名"访民情、惠民生、聚民心"驻村工作队队员，至此我暂时离开了我心爱的领地——小学数学教研，心中万分不舍、百般郁闷。郁闷可能会与好的活动、好的资源无缘，会错过很多学习的机会，担心自己的闲暇时光虚度。庆幸的是，新世纪小学数学工作室刘勇老师让我结缘了微课3.0。清楚地记得，那是2020年2月8日，刘勇老师第一次在第四届新世纪小学数学杰出人才发展培养工程高级研修班群里发微课3.0，出于好奇打开来看一看，就是这一看，从此我与微课3.0便开始了"特殊的约会"。

一、期盼

每晚都期盼能早早看到微课3.0，如初恋的相思一般。如能早早看到，心中很是欣喜；如若哪一晚没看到，便是失落、牵肠挂肚，第二天早上一睁眼，便开始寻找刘勇老师发的微课3.0，继续聆听。

这种期盼不止我一人，有家长、有教师。记得有一位家长这样说："王老师，今天是否很忙，是忘了发微课了吗？"我赶紧回复："今天的微课还未更新，估计明早会更新，到时候第一时间分享给大家。"记得老师们这样说："王老师，这两天的微课与我的进度差不多，刚好可以用，太好了！""王老师，我要上除法竖式了，有没有微课，分享一下。"……多少人和我一样在翘首以待，等待转发。

二、沉醉

还记得，前段时间我州齐秀华老师要参加录像课比赛，她要讲的是"竖式除法"，试讲时，她首先借助直观方式教学"$16 \div 4 = ?$"的竖式写法，然后再教学"$13 \div 4 = ?$"的竖式写法。我给她的建议是对比解读人教版小学数学教材和新世纪（北师大版）小学数学教材（如图1），再来思考教学的顺序。

3 13根小棒，每4根分一组，结果怎样？

$13 \div 4 = 3$（组）……1（根）

除法也可以写成竖式：

除数……
$$4\overline{)13}$$

……商
……被除数
……4乘3的积
……余数

你知道竖式中每个数的含义吗？

13表示共有13根小棒，4表示……3表示……

12表示分掉的12根小棒，1表示……

如果有16根小棒，每4根分一组，结果怎样？竖式怎么写？

$$4\overline{)16}$$

正好分完，没剩余

做一做

1. 11根 ，每3根一组，分一分。

分了（　）组，还剩（　）根。

$11 \div 3 = \square$（组）……$\square$（根）

$$3\overline{)11}$$

62

人教版小学数学教材

一　除法

分苹果

每盘放6个苹果。  平均分给2个人。

● 根据图上的信息，提出与除法有关的问题。

● 每盘放6个苹果，18个苹果可以放几盘？

1盘：6个
2盘：12个
3盘：18个

$18 - 6 - 6 - 6 = 0$

0 1 2 3 4 5 6 7 8 9 10 11 12 13 14 15 16 17 18 19

（三）六十八。
$18 \div 6 = 3$

答：

● 上面的过程可以用除法竖式表示。认一认，说一说。

$$6\overline{)18}$$

18个苹果，每盘放6个。

（三）六十八。

都分完了，可以放3盘。

● 填一填，说一说。

$18 \div 2 =$

$63 \div 7 =$

2

新世纪（北师大版）小学数学教材

图1

对比两个版本教材，齐秀华老师认识到新世纪（北师大版）小学数学教材借助已有乘法口诀先教学"$18 \div 6 = ?$"是基于学生的知识基础和已有经验，利于学生理解，体现竖式除法从特殊到一般的教学顺序，而她先教学"$16 \div 4 = ?$"会出现两个"4"，无形中增加了学生理解的难度。人教版小学数学教材中竖式除法的前一节课是有余数除法，竖式除法这节课先教学有余数的竖式除法也符合学生的学情，体现竖式除法从一般到特殊的教学顺序。通过对比解读，她重新选择了数据，并确定了教学的顺序——先教学整除的竖式除法，再教学有余数竖式除法。另外齐秀华老师能认识到要渗透数形结合思想帮助学生理解竖式除法，但只能做到"有来无回"，我建议数形结合一定要做到"有来有回"，才能真正体现数形结合的价值。过了两天，齐秀华老师兴奋地告诉我，微课3.0是个宝，她不仅明白了教材编写的意图，还在微课3.0中找到了数形结合"有来有回"的策略——把所分实物呈现在竖式中，然后转化成数字，让学生理解竖式每一步的意义。齐秀华老师根据微课3.0，制作了"竖式除法"课件，很好地解决了"有来有回"的教学策略问

题，课件展示如图 2。

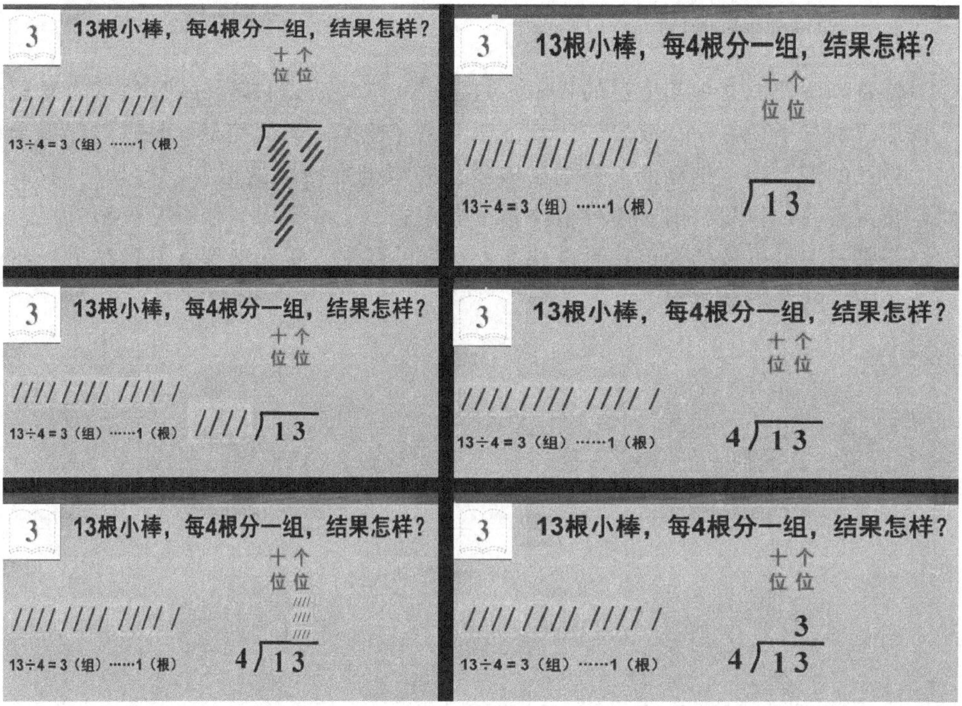

图 2

还记得，参加正高职称评审前夕，我努力准备答辩材料的情形，"统计与概率"一直是我教学的短板，怎样才能在最短的时间内备出高质量的课呢？我首先将新世纪（北师大版）小学数学教材中所有"统计与概率"的课题分布罗列成线，快速解读教材，虽有所认知，但并不深刻。为此，我把所有涉及"统计与概率"的微课3.0全部找出来，认真聆听学习，并思考为什么这样做。通过这种线性的、整体的解读教材、看微课3.0，加深了我对"统计与概率"内容的理解，提高了对数据分析观念的认知，促进我站在单元整体的角度设计课，使我在答辩中取得了较好的成绩。

还记得，一位老师向我请教如何上"真分数和假分数"一课，我告诉她首先看看微课3.0"分数的再认识"单元的微课，从中你会了解到学生是怎么想的，他们的认知困难在哪，如何解决这些困难。其次思考教材要体现的核心素养是什么，数学思想方法有哪些，教材是如何体现的。最后从中学习可以采用的教学方式以及如何实施。

还记得，多少次我黔驴技穷、无计可施时，首先想到的就是看微课3.0，解疑答惑，从中找策略、找方法，它就是我的智囊团。

三、回味

回首和微课 3.0 一起度过的日子，是温暖的陪伴。是它陪伴我度过抗击新冠疫情居家的日子，每一个清晨，伴着微课上路，迎接一天的美好。是它陪伴我走出了自己的懒惰圈、徘徊期，是刘坚教授、刘勇老师激励的语言、默默的期待，时刻鞭策着我，让我打消了懈怠情绪，重燃斗志。

是每日不见不散的约定，是微课 3.0 执着的坚守，更是微课 3.0 的魅力让我爱上了它，从此不离不弃。

学生的"活教材" 教师的"活教参"

——"善解人意"的微课3.0

黑龙江省大庆市直属机关第一小学校　齐春杰

一、学生的"活教材"

"知之者不如好之者，好之者不如乐之者。"教学方式的选择直接影响着学生的学习兴趣，而学习兴趣又直接影响着教学的有效性。新世纪(北师大版)小学数学教材编写组研发的微课3.0从学生的视角出发，围绕教材情境与问题串展开，以动画贯穿始终，将学生从原学习过程中的"知之者"转变为"好之者"和"乐之者"，润物无声。

1. 战疫情，微课3.0是好帮手

抗击新冠疫情居家学习期间，我的学生正读五年级，对于即将面临小升初的他们来说，该怎样正确进行线上学习？该如何合理安排时间？令学生和家长焦虑。响应"停课不停学"的号召，大庆市小学数学教研室安排了录播课程，学校组织教师直播答疑，我向学生推荐了微课3.0。很快，微课3.0以其不受时间、空间限制，鲜活灵动的特点，博得了学生的芳心。微课3.0的每一课都有学生学习活动的演示，互动性更强。如五年级下册"展开与折叠"一课，学生按照微课3.0中演示的学习活动进行同步操作，经历了正方体等图形展开与折叠的过程，充分体会了图形之间的关系。小小微课在新冠疫情期间成了学生课前做好预习、课后做好复习、缺课时做好补习的好帮手。

家长反映："这个微课3.0像动画片一样形象生动，孩子每天都按计划主动学，有时候甚至自觉多学一两课，有时候还会回头看看前一课。""再也不用我逼着学，孩子变被动为主动了。"……微课3.0成功闯入了学生的内心世界，让学生自发地去学习，不再觉得学习是负担。

2. 停课中，微课3.0是好资源

2020年9月8日和9月9日，生长在东北的我第一次遇见"因受台风影响而停课"，确实有些意外，但并不慌张，因为有微课3.0做教学资源的保障。我淡定地打开"新世纪小学数学"小程序，找到一年级的"小猫钓鱼"微课，发到班级

群，然后布置学习任务。第二天，按照教学进度，将微课"文具"发到班级群。复课后，进行学习效果的检验，学生都能认识数字"0"，并会正确书写，能找到生活中的"0"，知道"0"表示的意义。

3. 线下时，微课 3.0 是好老师

北方的冬季，总会有因感冒或着凉休病假的学生，这时微课就显得更加重要。学生在家通过观看微课 3.0，跟着视频中呈现的学生演示活动或按照指示暂停一下进行操作，仿佛置身在课堂上和同学一起学习一样。微课 3.0 像一位可以随叫随到的老师，帮助落课的学生高效地完成学习任务，保持学习进度。

4. 广阅读，微课 3.0 是好导游

充满智慧的数学绘本，温暖、纯真、童趣。每周五，"数学阅读"通过讲述绘本中的一个个轻松愉悦的数学故事，带着学生走进美妙的数学世界。如一年级上册第三单元的同步阅读"私房蓝莓派"，以小熊妈妈要给小熊们做私房蓝莓派为主线，巧妙地诠释数学概念，通过小熊们找蓝莓、数蓝莓、找种子、数种子等故事情节，加深学生对计数方法的理解，为后续学习凑十法做好铺垫，体会在生活中要学会"数学地"思考问题。数学绘本的动态阅读，启发了学生的数学思维，开阔了数学视野。

二、教师的"活教参"

1. 微课 3.0 促进教师专业能力发展

每一节微课 3.0 都凝聚着新世纪（北师大版）小学数学教材编写团队研磨的汗水，为我们一线教师的教学活动提供了优秀范例。因为微课 3.0 与教材同步且系统全面，在日常教学活动中，我们可以选择性地参考微课 3.0 的课例设计并以此来设计自己的课堂教学。如一年级上册第一单元第 4 课时"小猫钓鱼"这节微课，作者将教材中的情境图制作成了动画故事来导入新课，使学生在轻松好玩的氛围下进入学习状态，教学语言简明扼要、逻辑性强，过程流畅紧凑，学生演示活动富有示范性。教师在观摩这种高品质微课的过程中，经历"研究—实践—反思—再研究—再实践—再反思"的过程，可加深对教材知识内容的理解，能更准确地把握教学节奏，丰富教学资源，提高总结反思能力，促进自身的专业成长。

2. 微课 3.0 助力课堂教学突破重点和难点

新冠疫情好转后，教室里又回荡起朗朗的读书声，经历了超长假期，微课3.0 也成了教师日常教学中不可或缺的技术手段，能有效地助力突破教学重点和难点。如一年级上册第七单元"古人计数"一课，学生初步认识了"个位"和"十位"，感受了以"十"为单位的计数方法后，为了更好地演示知识的形成过程，建立数位概念，我将本节课的微课截取了一段在课堂上播放，强化"10 个一就是 1

个十"的动态演变过程。此外,我的课堂教学环节设计也参考本节微课的设计进行,让学生亲自动手摆小棒、拨计数器,经历知识的形成过程,将所学新知识不断内化到已有的认知结构中。

3. 微课3.0助推信息技术应用水平提升

微课3.0是融教学设计、教学课件、多媒体素材为一体的教学短视频,信息技术的高水平应用和高品质效果大家有目共睹。在微课3.0榜样的推动下,原本就喜欢现代化教育技术手段的我,除了PPT的制作、录屏软件的使用、视频剪辑软件的应用有所提升外,又学会了PS图像处理,GIF动图制作等新技能。并利用学到的技术手段,制作了一节微课:三年级下册第二单元"平移和旋转(第一课时)",有幸荣获了大庆市教师微课大赛一等奖。

学生通过微课3.0学知识,教师通过微课3.0学技能。于学生而言,这是精巧灵动的课堂,让学生深切体验"动画微课"这种学习途径带来的乐趣;于教师而言,这是出类拔萃的标杆,为丰富我们的教学方法和教学形式拓宽思路。

微课3.0,始于疫情,本于初心,精于钻研,成于坚守!

一路学习　一路成长

河南省郑州市惠济区长兴路实验小学　贾莹丽

2020 年是不平凡的一年，一场新冠疫情，世界仿佛被按下了暂停键。大人不能去上班，孩子不能去上学，准备回家过年的人不能团圆……

为了响应"停课不停学"的号召，我们的学生开始了居家上网课的学习生活。众所周知，网课的一端是教师，另一端是学生，隔着屏幕，教师并不能看到每位学生到底是否在认真学习。怎样才能让学生的学习像线下一样，学习的自觉性、积极性不打折扣呢？正在老师们愁眉不展之际，微课 3.0 来到了我们身边，它犹如一缕温柔的春风，吹散了教师心中的阴霾。生动有趣的动画、重点和难点突出的讲解，一下子就抓住了学生的心，让他们体会到了数学的好玩和有趣，在快乐中收获了知识。

居家学习期间，我们主要采用的就是上午看微课 3.0，下午钉钉辅导的形式。复课后的第一次数学摸底测验，老师们的心真的是惴惴不安，担心线上教学效果不好，学生的成绩下滑太多，不好补救。结果超出想象，有些学生成绩还发生了逆袭，微课 3.0 真的是功不可没。

随着新冠疫情的好转，我们也告别了那段特别的居家学习岁月，正式开启了线下学习生活。但是，微课 3.0 并没有从我们的学习生活中淡出，它像夜空中的一束星光，以坚定的力量穿透岁月的喧嚣和黑夜的深重，照亮了我们前行的道路，与我们并肩同行，陪伴我们一路成长。

一、教师备课上课的好助手

每次在备课时，除了研究教材和教师用书，看一些参考资料，我都会看一看与教学内容相关的微课 3.0，看一看微课 3.0 中的教师是怎么导入情境的；看一看微课 3.0 中的教师怎么讲解本课重点和难点的。微课 3.0 里的学生出现的问题，我的学生是否会出现？学生是如何解决问题的？设想我的学生遇到同样的问题，他们又会怎样解决？我又该如何引导？微课 3.0 中建议学生准备哪些学具？我有没有遗漏的知识点或者没有理解透的知识点？……

例如，在讲新世纪（北师大版）小学数学教材二年级上册第六单元第四课"1 米有多长（试一试）"时，我当时设计的导入环节就是在 PPT 上直接出示教材主题图(如图1)，请学生认真观察，找出数学信息，然后解决小明和机灵狗分别有多高这一问题。当我看到微课3.0中本节课的微课情境导入时，我改变了导入语言。

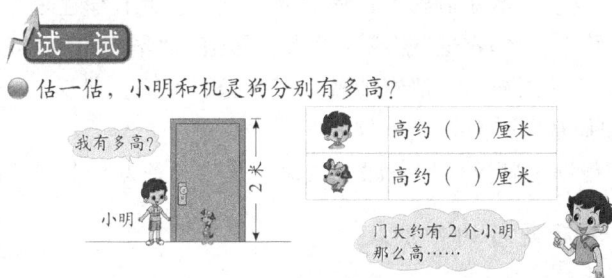

图 1

本节课的微课3.0是这样导入的：在动物游乐园里，还有一个神秘城堡，只要能准确估计出自己的身高，就能走进神秘城堡。小明和机灵狗站在城堡门前，想知道自己大约有多高，你能帮助他们吗？暂停一下，和身边的人说一说。

我不禁要为微课3.0的设计者点赞，虽然是短短的几句话，却起到了承上启下的作用，既承接了上节课所学的"1米有多长"(上节课的主题图是小乌龟和长颈鹿要去动物游乐园里玩，长颈鹿被小狗保安挡在了门外(如图2))，又揭示了本节课的主题——准确估出自己的身高。准确估出自己的身高后就可以进入神秘城堡，这一条件又极大地激发了学生尝试挑战的勇气和兴趣。

图 2

在上课时，我就采用了微课3.0的情境导入语，当我说完后，学生的热情一下子就被点燃了，争先恐后地分享自己的想法和做法。良好的开端是成功的一半，"试一试"这节课收到了很好的教学效果。因为是学生自己想出来的估计方法，所以很容易被掌握，在做同样类型的练习题时，很快就有了正确答案。

在讲新世纪（北师大版）小学数学教材二年级上册第四单元"图形的变化"第二课时"玩一玩，做一做"时，"华容道"游戏有的学生不太理解，直接对着图片讲，学生一会儿就搞混了，不知道到底谁该往哪里走了。我让学生看了本节课的微课3.0，学生不仅了解了"华容道"游戏的由来，知道了"华容道"游戏的规则，而且通过微课3.0里的动画演示，清晰地看到了赵云、关羽、曹操、士兵是如何移动的，曹操又是如何从"华容道"出来的。

微课3.0，帮助教师更好地备课、上课，是教师备课、上课的好助手。

二、学生课后复习的好朋友

学生上完一天的课后，会遗忘一些知识点，怎样让学生再次快速回忆起当天所学的内容呢？我有一个法宝——微课3.0。

以前布置复习内容就像没有布置一样，很多学生会选择自动忽视。有了微课3.0后，我会把当天学习的微课3.0链接发到微信群里，让学生观看，大部分学生都会点开微课3.0认真观看，而且第二天会跑到我面前告诉我微课3.0太有趣了，很喜欢，等等。

微课3.0，让学生的复习不再枯燥乏味，是学生课后复习的好朋友。

三、家长辅导孩子的好帮手

居家学习期间，我们班就有学生家长由于在外打工，无法陪伴孩子的学习。家里没有电视和网络信号，不能收看我们河南省录制的网课，并且家长往往是回家后又很晚了，孩子都快睡着了，再让孩子在手机上看30分钟的网课，一来家长的手机上没有那么多流量，二来孩子看完也很晚了。我给他们推荐了微课3.0，他们都特别感激，因为微课3.0时长就10分钟左右，而且制作精美，生动有趣，孩子很喜欢听，听完之后还可以做上面推送的有关练习题，真的是非常方便。

如果有学生由于生病在家休息，而当天要学习新课，家长又不会辅导，我就把相关的微课3.0链接发给家长，让学生看一看微课，了解一下教材上的主要内容，不至于第二天来学校什么都不会。家长们都激动地对我说："有了微课3.0，就像请了一位免费的高级教师，让我们太省心了！"

微课3.0不仅解了家长的燃眉之急，而且让家长放心、省心、安心，是家长辅导孩子学习的好帮手。

四、一路学习，一路成长

微课 3.0 给了我们一种全新的思路，让教师真正理解了"以学生为主体，以教师为主导""尊重学生""从做中学"的深刻内涵，我的教学观念发生了转变，教学行为也随之发生了改变，学生变得更愿意亲近我，更乐意去学数学这门学科。

冰心说过："爱在左，情在右，走在生命的两旁，随时播种，随时开花，将这一径长途，点缀得花香弥漫，使穿枝拂叶的行人，踏着荆棘，不觉痛苦，有泪可落，却不是悲凉。"感谢微课 3.0 始终伴随着我和学生一路学习，一路成长，一路芬芳。

微课 3.0：线上教学的羽翼

中国人民大学附属小学　赵　娣

2020 年的中国师生，共同经历了一场新的教育挑战。受到新冠疫情的影响，居家学习成为常态。一时间，曾经朝夕相处的师生，只能在电脑屏幕上相见。消息一出，多种顾虑涌上了教师和家长的心头。

网络教学时长限制在 10 分钟～15 分钟，相对于传统的课堂教学，时间减少了一半还多，教学环节的设置需要重新考量；教师在网课教学中不能与学生直接接触，对于一些偶尔走神现象的提醒很难做到及时有效；受到距离限制，教师无法手把手指导学生进行操作活动，影响学习效果……这么多问题，我们如何应对？直到学校给我们推荐了微课 3.0，一切问题都迎刃而解。

一、学校层面：领导重视，微课资源供给充足

在使用微课之前，教学副校长赵老师总是提前把微课 3.0 下载到学校的公共网盘上，供各年级的每一位教师及时下载观看，了解每一节课的教学内容，方便教师有针对性地备课，及时对学生进行学习上的指导。各个学段的教学主任负责自己学段的年级，每个年级的学科主任在教学主任的指导下，及时制订出年级每一周的教学计划并提前下载所需视频，各个班级再根据年级计划制订班级的教学计划。

二、年级层面：制订计划，线上平台保驾护航

教学主任和年级学科主任提前一周制订出下一周的学习指导内容。并在"学习通"平台上制订好章节目录。然后下载相应的微课 3.0 视频，在规定时间内进行上传，同时学校领导根据学习指导内容进行检查，确保没有错误。

针对不同的教学内容，教师使用微课 3.0 的方式也不同。有的微课 3.0 视频，学生可以自己观看学习，自主参与课堂，并做好课堂笔记；有的微课 3.0 视频则需指导学习，才能保证学习效果；有的微课 3.0 视频，可以对学生进行分层使用，根据微课 3.0 的内容制订出导学单，学生可以分层学习。学习能力强的学生可以不需要看微课 3.0 就能独立完成导学单的内容，并能掌握相关的知识；学习能力稍微弱一些的学生，在完成导学单的过程中如果遇到困难，可以有选择性

地观看微课 3.0；学习能力较弱的学生，就可以边看微课 3.0 边完成导学单的学习内容。多样的学习方式促进学生各取所需，让不同层次的学生都有所收获。

三、教师层面：多元使用，师生相伴成长

(一)做足准备，让学习有方向

为了让学生更好地利用微课 3.0 这个资源，教师会提前做好"备课"准备，其中两项重要内容如下。

1. 开发微课导学单

开发导学单不仅能了解学生观看微课 3.0 视频后的学习效果，还能督促学生跟着微课 3.0 认真学习，促使其将所学内容转化成自己的理解固化下来，有利于提高学生的学习效率。

2. 温馨提示学习要求

考虑到学生处于三年级，年龄较小又是第一次进行线上学习，在这样的情况下应该培养学生半自主式学习，所以，在学生观看微课 3.0 视频前我会提两点学习要求：一是数学学习必须先看微课 3.0 再做作业；二是使用课堂笔记本，记重点和不明白的地方，记微课 3.0 中让你思考、画一画等地方。提前备课后，在学习交流群里给予温馨提示，学生学习也更有方向性了，在"停课不停学"期间更好地帮助学生实现了自主学习的目的。

(二)多元评价，让学习更高效

有的平台上发布的视频有统计功能，教师可以根据平台提供的信息查看全班学生是否看了视频或是否看完，及时督促学生学习。如何对学生的线上学习进行反馈呢？学生观看视频学习时，是否认真参与了课堂的学习？学习效果又如何进行检测？

1. 查看学习笔记

"播种行为，收获习惯；播种习惯，收获性格；播种性格，收获命运。"培养学生良好的学习习惯是为学生终身学习做准备的。与日常教学相比，微课有着能重复观看、随时暂停的优势，为学生留足了思考和反思的空间，更有利于培养学生良好的学习习惯，发展学生的综合能力。教师可以每周查看学生观看视频的情况，线上作业、学习单的完成情况，查看学生的课堂学习笔记。

2. 布置分层作业

课中，教师和学生建立讨论群，交流微课内容；课后，布置适合不同层次学生的分层作业，让学生自主选择。通过整个学期的线上微课学习，全班不仅作业完成率达 100%，微课观看完成率也是 100%。而且从"观看时长"这个数据可以反映出许多学生对每节微课都是认真听，反复听。

总之，微课 3.0 为一线教师提供了强大的资源保证。

四、学生层面：内容充实，成就乐学儿童

微课视频可以反复观看，学生有不明白的地方就可以重复看。笔记跟不上的时候也可以暂停。学生都反馈微课 3.0 视频动画很有趣味性，在轻松愉悦的氛围中学到了知识。

(1)学习有目标：微课 3.0 每节课的第一个环节都是告诉学生，本节课我们的学习目标是什么。这个环节对于每一节网课都有重要的引领意义。让学生在学习之前心中有目标，才能观看网课有重点，思考、活动有方向。有了这个学习目标，教师和家长对于学生的学习效果检验的内容也更加明确。

(2)学前有准备：在微课 3.0 的设计中，每节课的第二个环节是"课前准备"，此环节明确告诉学生本节课需要使用到的学具或工具，让学生暂停后去做好准备，方便课中进行操作，也保证了课堂活动的完整性，思路的连贯性。这一个小细节，看出了教师周全的考虑和对学生的关注。

(3)环节有乐趣：微课 3.0 能抓住学生的兴趣点，让学生在轻松的氛围中学到知识。微课 3.0 很好地利用了动画资源，把教学内容编成有趣的小故事，设计了生动的卡通形象，寓教于乐，让学生在喜闻乐见的形式中主动学习，积极思考。例如，在学习"图形的认识"一课时，就把《雪地里的小画家》这个学生喜爱的小故事进行了创编，加入了机器人咕咚参与画画的情节，让学生通过机器人身体各部位在雪地上的印记，认识到各种立体图形的表面能印出的平面图形，从而建立立体图形和平面图形之间的联系，进一步深化对图形的认识。

(4)操作有参考：微课 3.0 中，最让学生和家长称赞的环节就是学生操作示范的部分，这也有效地解决了网课中操作指导不便的问题。在需要动手操作的环节，一般都是先提出要求，给学生时间思考，然后就会有学生动手操作的视频展示，每一步都讲述清晰，让学生好理解、好对比、好操作。

(5)进度有选择：教育的最好状态是因材施教，微课 3.0 较好地体现出因材施教的优势，学生可以根据自己的理解能力和知识掌握程度选择学习进度和速度。微课 3.0 在播放形式的设计上就很人性化地加入了播放速度选择，学生根据自身情况自主选择速度，可以更合理地利用学习时间。

(6)家辅有依托：通过微课 3.0 的学习，家长反馈最多的就是大大减轻了给孩子辅导作业的压力。因为微课 3.0 会带着学生一起讲解题目和订正答案，学生不仅能自主发现自己的问题所在，还能知其所以然，这是教学高质量的充分体现。很多家长在学生回归校园后，依然让学生选择性地看微课 3.0，以对学校学习的知识进行复习巩固。

"居家学习"是我们对网络教学探索的一个契机。微课 3.0 紧扣学生视角，给了一线教师一个绝佳的学习机会，给了学生一个精彩的学习平台，给了家长一个值得信赖的教育依托。原来，网上学习也可以这么有用、有趣、有效。成就学生成长，感谢微课 3.0。

"风景"这边真好

江西省九江市双峰小学学生家长　吴　燕

作为学生家长的我，也是一名教育工作者，我认为培养学生的独立意识和独立能力是很重要的。因此，女儿平时在家学习时，我一般不参与其中，只是做一些必要的督促。前几日扫地时，突然听到在女儿上网课的电脑里讲解的好像跟其他网课有些不一样，带着几分好奇，我来到女儿身边静静坐下，和她一起走进了微课 3.0 的奥妙课堂，陪孩子共同体验微课 3.0 带来的与众不同的知识滋养。观看完整节课，我才深深感受到为什么孩子的数学老师极力推荐微课 3.0 作为居家学习的网络资源，以下谈几点个人的真实体会。

一、教学内容有层次，贴合认知规律

任何教学内容都绝不可能是一种单一的一元结构，而是包含多种认知元素的多元结构；同时，课堂教学内容在设计上应根据受众特点存在适度差异、深浅差别，数学课堂尤其是如此。在这一点上，微课 3.0 在具体实施教学时，体现出了自身独特的教学理念。课堂教学内容采用符合学生认知模式的具象素材，从"引疑"到"析疑"，再过渡到"释疑"和"用疑"，由浅入深引导学生由一元到多元逐步理解知识的关键点，整个教学处理非常灵活。教学内容在选择上呈现出明显生活化、动态化的个性色彩。

二、教学组织有新意，洋溢学习乐趣

优质的课堂教学应带给学生愉快的学习心境，且这种愉快的学习心境能够持久保持。通过侧面观察和对比之前的网课学习，我发现女儿在微课 3.0 课堂上能认真聆听、积极思考、大胆表达自己的见解，敢于质疑问难，积极动手实验，还主动提出要和我开展"协作学习"，每天都热切期盼下一堂课能快点上线。作为家长，这一点是最令我欣慰的，孩子对于课堂学习浓厚的兴趣，恰恰说明这样的课堂能带给她积极的情绪体验和自我实现的获得感、幸福感。

三、教师教学有水平，传递数学魅力

心理学研究表明：人的表达对于受众来说，声音等非言语因素远远大于言语本身传达的信息。对于小学生来说，课堂上教师的教态、语言等应更明朗、愉快、庄重，富有感染力。微课3.0在这一点上充分展现了独特的魅力：教师语言清晰、简练、生动、形象；语义准确、逻辑性强、无歧义；语气富有感情，语调快慢适度，抑扬顿挫，富于变化，且教师表情、教态亲切、庄重、自然，有亲和力。虽然每一节的教师多是学生第一次见到的"新老师"，但一开讲，学生就极快地融入了课堂学习中，没有违和感、陌生感。

在此感谢孩子的数学老师对微课3.0的积极分享，"风景"这边真好！同时也希望更多的孩子能参与到微课3.0的学习中来，像我女儿一样在数学学习中快乐成长。

居家学习化繁为简　习惯养成受益终身

天津市静海区第四小学学生家长　张　鑫

一场新冠疫情的突袭，改变了人们的生活方式，居家办公、居家运动、居家学习成了生活的常态。我家也不例外，自 2020 年 2 月 10 日起，家里一年级的小娃娃也开启了他的网课学习。在老师的指导下，按照整体的教学进度，我们通过微课 3.0 对教材的内容逐课学习，取得了喜人的成果。一个有态度、有温度又有深度的学习平台仿佛给忙碌的家长们点亮了一盏明灯，随之而来的举一反三、知识运用、讲给家长听……把课本中的教学做了有效延伸，无论是孩子还是家长，都得到了很好的启迪和影响。

一、微课平台画重点，亲子课堂做检验

对于教师和学生来说，网课教学无疑是一种新的体验和尝试。很庆幸，学校找到了这样优质的学习资源，加之教师全天候的微信指导，大大缩短了迷茫期、磨合期。学生通过微课 3.0 的学习掌握了每节课的要点，从而迅速把一个又一个的知识锦囊装进小脑袋，充实自己的知识库。

拿我家举例，我们一直坚守在工作岗位，白天全靠孩子自己看微课 3.0、跟进度，晚上按照老师的要求通过几道习题检测孩子白天的学习效果。这时候，微课 3.0 的优势就体现出来了，10 分钟左右的浓缩课程，把知识点阐述得清晰明确，动画加实例把各种数学方法直观展示，短平快、不拖沓，特别适合低龄孩子。不仅如此，微课 3.0 也开拓了家长的思路，我们从"自己会但不会教"变成了"一起看且快乐学"。我们赋予孩子"小老师"的神圣职责，做他的学生。每天微课学习后，孩子在纸上出一道考题，我们做完后让他"阅卷"。看着他有模有样地批改作业，津津有味地讲解学到的知识，心里充满了成就感。一周、两周……每晚的亲子课堂成了我们家雷打不动的惯例，从中见证着孩子专注力的提高，也感受着语言表达能力和逻辑思维能力的突飞猛进。

为了让学生德智体美劳全方位发展，我们还用表格的形式把每个时间段需要做的事情进行排列，把跳绳、拍篮球等户外运动穿插在网课学习后。孩子通过表格记录每天跳绳的个数，在亲子课堂上利用这些数学信息算一算"周一比周二少

跳了多少下？周三和周五两天一共跳了多少下"……真实有趣的数学信息有效调动了孩子的学习兴趣，感受数学无处不在。

二、习惯养成是重点，主动学习笑开颜

动画、平板的魅力不言而喻，但网课学习毕竟不是游戏，只有真正符合认知规律的优质资源，才能牢牢吸引住孩子们的注意力。起初的网课学习，我家孩子也有过马虎不认真的状态，微课3.0看了开头就感觉自己全都学会了，急匆匆去做题，盲目自信的结果可想而知。于是，我们就约法三章：一是早上8:00前必须按微课3.0要求完成课前的所有准备，小棒、直尺、铅笔和本子等文具要全部各就各位；二是对微课3.0学习"回头看"，从"泛读"过渡到"精读"，扫除知识盲点；三是建立错题本，把错过的题记录到小本子上，便于日后有针对性地复习巩固。尽管很多时候由于年龄还小，孩子并不能把家长和老师的要求全部落实到位，但是我们坚信这样的学习方法是正确的，这种学习资源是不可多得的。果然，三周的网课学习后，孩子已经初步养成了良好的学习习惯：每天早上先跟着微课3.0学习，同一个问题尝试用不同的方法解决，然后用数学书中的"练一练"检验学习效果。

从被动式的教师讲学生看，到主动重复观看微课3.0视频，再将数学知识灵活运用到实际生活中；从身边的一捧豆子、一把瓜子、一堆花生中寻找数学问题，帮助长辈摆桌椅、分碗筷……孩子慢慢地体会到了数学学习的乐趣。从依赖家长读题，到现在自主读题、自主做题，甚至自己提出数学问题，再通过摆学具、列算式计算出正确的结果，孩子不仅从微课3.0中学到了解题思路和更多更好玩的解题方法，而且收获了成功的学习体验。

这段宝贵的学习经历，对于我家孩子来说无疑将是受益终身的，也希望有更多的家长和孩子能从微课3.0中获得启迪。

第七篇　成长足迹

【导语】

在 2020 年上半年这个特殊的时期，微课 3.0 成了学生在家学习数学的重要伙伴。学生是怎样借助微课 3.0 学习的？他们看微课 3.0 的过程中有哪些收获和感受？他们对微课 3.0 又有怎样的评价呢？在新世纪小学数学征文活动中，我们收到了全国各地小学生的来稿。从这些文章中可以看到，学生并不仅仅是看微课 3.0，而是带着思考、带着实践在做数学和学数学。有的学生在文章中分享了自己的操作过程，有的学生分享了自己解决的问题，有的学生把自己读到的故事讲给伙伴听，还有的学生提出了很有价值的数学问题。微课 3.0 的学习过程还引起了学生的许多共鸣，有的学生觉得"微课 3.0 让数学在我心中变了个样"，有的学生觉得"原来我和淘气的想法是一样的"，还有的学生体会到了"数学与自然相同的神奇"。由于篇幅关系，我们挑选了部分有代表性的文章，透过学生的语言让我们感受到了数学在他们心中的样子。

数学的新世纪

——看微课3.0有感

广东省湛江市第七小学六年级(1)班 尹奕兮

若在以前，你问我最讨厌的科目是什么，我会毫不犹豫地回答：数学啊。印象中的数学总是一道道无聊至极的题目，一条条玄之又玄的公式，简直没有哪一科比数学更枯燥乏味了。

直到我遇到了微课3.0。当时妈妈提出让我学习微课3.0的时候，我的脑袋像套上了孙悟空的紧箍似的，疼得厉害。一点击进网站，"唐僧"就立刻闭嘴了，我却惊异地张大了嘴巴——是绘本！"平移与旋转"这样枯燥的知识，被编成了一个妙趣横生的故事：一个会魔法的怪老师给学生办了一个设计比赛，学生八仙过海各显神通，有个叫马克的学生做错了，被放入了怪老师的水晶球里。马克进到水晶球以后，看到了一道道关卡，他一道道破解，终于回到了教室……

看完故事，我拍掌大笑，意犹未尽，又点开了一个看起来。整整一个下午，我都沉浸在学习中无法自拔。这还是我第一次为数学花那么多时间，微课3.0就像一颗夹心糖，外面一层是令人喜笑颜开的绘本，里面包裹的是奥妙无穷的知识，"吃糖"的过程充满新奇和获得感，竟不觉得特别吃力了。这样新颖的方式，让这么多年见了"数学"二字都痛不欲生的我彻底爱上了数学，对数学的痴迷竟如春水般猛涨。

这巨大的变化，让抱着几分"死马当活马医"心态的妈妈有些目瞪口呆，百思不得其解——这孩子怎么突然变得这么勤奋了？喜上眉梢之余，也欣然改了行，不再喋喋"念经"，转而钻进厨房，研究美食烹饪了。我的"好妈妈"终于再次回来了！

微课3.0帮我打开了一个全新的数学世界，数学成了我最喜欢的科目。我惊喜地发现，抽象的符号、烦琐的算式，开始具有了生命，它们有故事、有智慧、有个性、有家族、有生活……"无聊的数学"这一观点成了过去式，我也成了"奥数班"的"钉子户"。利用微课3.0学习数学，轻松顶替了繁重，快乐取代了烦恼。在信息化时代，原来课堂那么宽阔，学习资源那么丰富，获取途径那么便利，翱翔的天空那么辽阔！当然，在看不见的背后，有多少老师为建设学习平台付出了智慧和辛劳呀！

新的种子，悄然发芽，苗壮成长。

新世纪小学数学学习平台，虽然是居家学习时的被动邂逅，但这次邂逅却告诉了我：教室外还有无数人在默默关注着教育，关爱着我们。世界美好，未来可期！

是微课3.0，也是我的教科书

河南省郑州市金水区四月天小学六年级(1)班　郑懿盎

一个人，如果在童年阶段能遇到一本吸引他的教科书，获得探索乐趣，找到前进方向，发现生活中的数学，那可真是可喜可贺！很幸运，我就遇到了微课3.0。

有的同学认为，数学是一门枯燥无味又很严谨的学科。它不像语文可以带领我们领略语言的魅力，也不像英语使得我们对"ABC"充满好奇，它只是"0～9"十个数字的排列组合。但微课3.0大不相同，它运用淘气、笑笑等聪明爱动脑的老朋友吸引同学们的眼球，好似让我们又回到了学校，见到了我们敬爱的老师和亲爱的同学们，让我忘却了一个人在家的孤独和烦恼，让同学们对数学产生了乐趣。

微课3.0将一道道数学题穿插进故事，让我们在愉快的阅读中学习知识。在我们遇到难题"山重水复疑无路"时，智慧老人总是为我们另辟蹊径，让我们"柳暗花明又一村"，智慧老人也常常给予我们提醒，告诉我们知识点和公式，让我们对智慧老人崇拜不已，也都争相想象着成为智慧老人一样的数学家。教材中的例题都十分贴近生活，这也引导我们在学习中观察生活，发现生活中的数学。例如，我们将近段时间某地区新冠肺炎确诊人数制成折线统计图，就可以清晰地看出新冠疫情变化的趋势，也可以尝试分析新冠疫情拐点何时出现等。微课3.0的优点数不胜数，也正是凭借着这些优点让越来越多的同学爱上了数学。

"人无完人，金无足赤。"我对微课3.0有一个小小的建议：在学习教材固有的知识时，希望可以拓展到更多的知识。比如，在学习求物体体积公式时，拓展"为何长方体体积公式是底面积乘高""这个公式是由谁提出来的"等。这样，我们在学习知识时，也可以开拓自己的思维和视野。

教师教导学生一时，教材陪伴学生一世。新世纪(北师大版)小学数学教科书、微课3.0就是这样一个好教材，值得我们一生去学习。

微课 3.0，让我在家也能好好学习

安徽省宿州市砀山县李庄镇丰屯小学一年级(1)班　陈志伟

　　我是一名农村的小学生，从爸爸、妈妈那里和电视上我知道了今年寒假中国发生了新冠疫情。听妈妈说，为了给祖国做贡献，和全国人民一起抗击新冠疫情，我们都要"宅"在家里不出门。

　　到了开学的日子，我非常想念我的小伙伴们，非常想上学。老师在微信群里告诉我们，新冠疫情还没结束，假期需要延长，我们要"停课不停学"。我有些纳闷，老师不在身边，怎么给我们上课？老师说，她把新世纪小学数学网上的微课 3.0 每天发到群里，由家长陪着观看学习内容。然后完成每天的作业，再发给老师。

　　由于家里没有电脑，网上上课的第一天，我早早就拿着妈妈的手机等着。老师在群里发了一个视频，我好奇地点开，第一次看到这种网课，我立刻被里面活泼可爱的小动物吸引住。我看的第一课是"买铅笔"，学习的是"十几减 9"的问题。我在幼儿园学过"十几减几"，那时候都是掰手指来算。我很想知道，除了数手指还有哪些方法。不知不觉看完了学习内容，我知道了"十几减 9"的计算方法。比如，"15－9"，在计数器的个位上拨 5 个珠子，十位上拨 1 个珠子，十位上的 1 个珠子可以变成个位上的 10 个珠子，合起来是 15 个珠子，减去 9 个珠子，就够减了，这原来就是"借 1 当十"。我想，以后算更大的数不也可以用这样的方法吗？

　　老师告诉我们视频还可以重新看，我觉得没看够，下午又重新看了一遍。我很快就完成了老师布置的作业，都正确，还受到了老师的表扬。这里有好多微课是我喜欢的，在"灰灰狼和小白兔数豆子"的故事中，我学会了数比 20 还多的数。在"加与减"中，我知道了"20＋30"就是 2 个十加上 3 个十合起来等于 5 个十。我还学会了列竖式，比如，"28＋4"，列竖式时 4 和 8 要对齐，因为都是个位上的数，4＋8＝12，竖式个位上写 2，个位满十向十位进 1，2＋1＝3，所以 28＋4＝32。我还学到了好多其他的数学知识。

　　我还喜欢平台上的数学小游戏"打气球"。从刚开始闯关连连失败，手忙脚乱，到后来找到的气球越来越多，甚至可以和爸爸、妈妈比赛口算抢答。通过这些天的学习，我越来越喜欢数学这门课。虽然家里的条件有限，但我可以通过手机和全国许许多多的小朋友共同学习、共同成长，我很高兴。新冠疫情还没有完全结束，开学还有一段距离，但我的学习一点没有落下。

指导教师：安徽省宿州市砀山县砀城第一小学　黄颖

边做边学，实践出真知

河南省郑州市金水区凤凰双语小学六年级(1)班　毛怡璇

相比在教室里上课，在线课堂更加注重我们的自觉性，面对新型的上课方式，我热情高涨。在爸爸、妈妈的帮助下，我很快投入到学习当中。虽然不能和老师面对面交流，但在新式的课堂上，我积极连麦，向老师和同学们表述自己的观点，也让在线学习没有距离，乐趣横生。通过新世纪小学数学网提供的微课3.0和学习材料，我度过了一段有意义的"宅家时光"。

新世纪小学数学网的资源馆里应有尽有，我下载了电子课本、练习题，观看每天如约而至的微课3.0。微课3.0中的老师态度亲切、语言严谨、讲解细致、创设的问题从生活中来到生活中去。课前明确指出本节课要学习的内容，让我明确目标，激发我的学习兴趣；课中的暂停提示给予充分的时间和机会让我们经历思考、猜测、操作、验证等探索过程；课后及时总结收获，不仅让我们掌握了新知识，还让我们明白了解决问题的方法以及思路。

其中，"圆柱的体积"这一课令我印象深刻，我在课堂上的表现也得到了老师的肯定和同学们的赞许。

怎样计算圆柱的体积呢？我想到了六年级上册我们探究圆的面积计算公式的过程，先把圆形纸片平均分成若干份，然后把它们拼在一起，就成了一个近似的长方形，长方形的长等于圆周长的一半，长方形的宽等于圆的半径。于是，我大胆猜测，利用转化的思想，圆柱是不是也可以把它分成若干份然后拼成一个长方体，再利用五年级学习过的长方体体积和正方体体积的计算方法，圆柱的体积是不是也可以用底面积乘高来计算呢？

接下来，我用实际行动来证明，从厨房里拿一段西葫芦来实践操作。把西葫芦平均分成3段，我先取其中的1段，把它平均分成6份，然后拼成一个近似于长方体的立体图形，发现有点不太像长方体。我就想在探索圆的周长的时候，我们发现等分的份数越多越像长方形，于是我就想等分的份数多一点不就行了吗。然后，我就把第二段平均分成16份，拼成一个近似于长方体的立体图形，发现越来越像长方体了。我又把第三段拿出来平均分成32份，再拼成一个近似于长方体的立体图形，最后几乎就是一个长方体了。(如图1)太神奇了！长方体的长是圆柱底面圆的周长的一半，宽是圆柱底面圆的半径，高是圆柱的高。再利用长方体体积计算公式来计算出这个圆柱的体积。所以，我认为圆柱的体积计算公式就是"圆柱的体积＝底面积×高"，这就大功告成了！我兴奋地把这个过程和同学进行分享，同学们都是就地取材，有的用胡萝卜，有的用黄瓜，还有的用火腿。我们虽然"宅"在家里，但却可以利用这个机会探索数学的奥秘。

图1　我的实验过程

立体图形可真奇妙，正方体、长方体、圆柱的体积计算公式是一样的！在"圆柱与圆锥"这个单元的学习中，我们还做了好多事情，旋转图形、探索圆柱和圆锥的体积关系，还用视频的方式和同伴分享。经历了这样的操作和分享过程，我的感受就像微课3.0里说的一模一样："自从学习了圆柱这个立体图形后，我满眼都是圆柱。喝水时，我的杯子是圆柱；拿起钢笔写字时，钢笔上面是圆柱；画画时，彩铅笔是圆柱；上卫生间时，卷纸是圆柱。啊！生活中处处是圆柱！"

我的数学老师说："同学们，新冠疫情期间，虽然我们无法在教室里相见，但是你们不孤单，新世纪小学数学网是你们求知、解惑的'新教室'。"

微课是一种新型的网络教学方式，使传统的学习方式发生了翻天覆地的变化。我之前认为上网课很麻烦，但有了微课3.0，让我觉得上网课也可以方便、精彩、生动、有趣。微课3.0让我学习到了更多同学的学习方法，让我领悟到了"人外有人，山外有山"的道理。

指导教师：河南省郑州市金水区凤凰双语小学　靳培培

纸袋中的数学问题

——学习"长方体的表面积"的微课与实践

四川省成都市青羊区成飞小学五年级(8)班　钟蕊阳

新世纪小学数学微课3.0的每一节课都别出心裁,听老师娓娓动听的引导,看微课中同伴们与众不同的方法,说出自己的想法,还能做有趣的小实验。每一节课都有明确的学习目标、电子教材、闯关练习、回顾收获。一节课下来,不论是谁,都收获不少。这些课,在生活中更是给了我很大的帮助。

新冠疫情期间,爸爸从商场买了许多医用外科口罩回来。我决定做一个精致的纸袋,装20个口罩寄给外婆。我兴致勃勃地测量了一个医用外科口罩的长和宽,选用了一张又厚又白的包装纸,打算在上面画些画,表达我对外婆的爱意。我裁了一张两个口罩大小的长方形纸。接着,照着网上的步骤做了起来。做是做好了,我开心地把口罩放进去,可口罩却调皮地把"脑袋"露出了,明明是量清楚了口罩的长和宽,怎么会这样呢?哦,粗心的我忘记了,口罩盒子是一个长方体,前后两个面都要匀一些给左、右两个面,还需要做一个底。

妈妈看了我那个失败、粗糙的纸袋,推荐我学习"长方体的表面积"微课。这节课主要探究长方体的表面积的计算方法,发展我们的空间想象能力和解决简单问题的能力。微课3.0中,先抛出问题"做一个这样的包装盒至少要用多少纸板?说一说你是怎样想的",循循善诱,让我们思考这是研究长方体的什么问题,怎样解决。微课3.0中的学习伙伴畅所欲言,激烈地讨论。我也拿了一个长方体的纸盒,细细观察,发现长方体相对应的两个面面积相等。我想我只要算出前、左、上三个面的面积,然后加起来,再乘2不就可以求出表面积了吗?随着微课的学习,我又想到了一种方法:把它拆开,其中的四个面连在一起,我把四个面的面积一起给算了出来,再算出余下两个面的面积,最后相加,也能求出它的表面积。在这节微课中,我了解了什么是长方体的表面积、怎么求长方体的表面积,长方体的表面积在生活中应用非常广泛。

我想,20个医用外科口罩摞成了一个长方体,那么它的表面积除去上面的那一面就是我制作纸袋需要的纸的面积。我仔细量了20个医用外科口罩的长、宽、高,长17 cm,宽10 cm,高3 cm。为了保险起见,长宽高分别又增加了1 cm,这样长18 cm,宽11 cm,高4 cm,表面积是628 cm²。知道表面积还不行，因为制作过程中，图纸可不是规则图形（如图 1）。我先在包装纸上按照长、宽、高的数值，像微课 3.0 中的图一样，画出长方体的六个面，边上预留了粘贴面（宽 1 cm）。在纸上画好图纸后，计算出所需纸张的长、宽分别为 32 cm 和 28 cm，我裁出所需的用量，剪去多余的部分，按照线条，用手折叠，在纸上用力压出痕迹，胶水粘贴，轻松地就把纸袋做好啦！我把口罩给装了进去，刚好合适。纸袋精美合适，外婆一定喜欢。

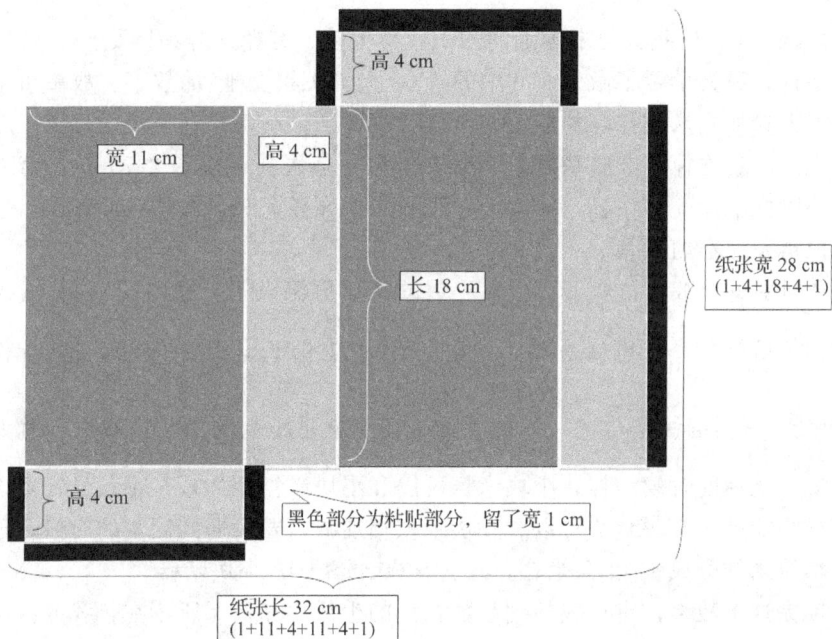

高 4 cm

宽 11 cm

高 4 cm

长 18 cm

纸张宽 28 cm
(1+4+18+4+1)

高 4 cm

黑色部分为粘贴部分，留了宽 1 cm

纸张长 32 cm
(1+11+4+11+4+1)

图 1

小小的纸袋里，也蕴含着数学的奥秘，真是太有意思了。生活中，数学无处不在，仔细观察，认真计算，它就有妙用。数学学之不尽，新冠疫情期间，同学们也和我一样，在数学的海洋里，好好学习，寻找数学的乐趣，充实生活吧！

我和小数的那些事

四川师范大学附属上东小学四年级(3)班　曾玺静

微课 3.0，让我觉得书本上的知识变得生动、有趣又容易接受。

最近，我又学习了微课 3.0 中的绘本《大胃王崔女士》的故事。故事讲了崔女士一家人参加吃米糕比赛的经历。米糕有整块糕、小条糕和小块糕，第一轮比赛崔女士一家就吃掉了 2 整块糕、7 小条糕和 9 小块糕，得了 2.79 分。第二轮要在 2 小时内吃掉 5 整块糕，崔女士一家开展了疯狂训练，虽然状况百出，但最后还是取得了比赛的胜利。

通过对这个故事的学习，我对小数的认识更深入了。把"1"平均分成 10 份，其中的 1 份就是 $\frac{1}{10}$，也就是 0.1；再把其中的 1 份平均分成 10 份，这 10 份中的 1 份就是 $\frac{1}{100}$，也就是 0.01，以此类推。还有就是小数的加法、减法，就像大胃王崔女士比赛的时候一样，小块米糕可以和小块米糕相加减，小条米糕可以和小条米糕相加减，整块米糕可以和整块米糕相加减，要是遇到困难的时候，还可以把 1 整块米糕分成 10 小条米糕，1 小条米糕分成 10 小块米糕。

读完这个故事，也让我想到小数在我的生活中真是无所不在，我的身高、体重、视力、考试的分数，商品价格、圆周率、长度、质量等，都能找到小数的身影。最近用得最多的小数应该就是新冠疫情发生后每天都必须要报的体温(如图1)，这可是我们这些小学生每天都要接触到的小数哦。

打卡时间	填报情况	异常选项	今日体温
03-22	正常		36.5
03-21	正常		36.6
03-20	正常		36.5
03-19	正常		36.3
03-18	正常		36.3
03-17	正常		36.5

图 1

不要小看小数点后面的数，有时候却起关键作用。就拿我参加的全国青少年电子制作比赛来说吧，从我们训练的记录表中就可以看出（如图2），谁用的时间最少，谁得到的分数就越高，当分钟数相等时，就要看小数点后面的秒数谁少了。

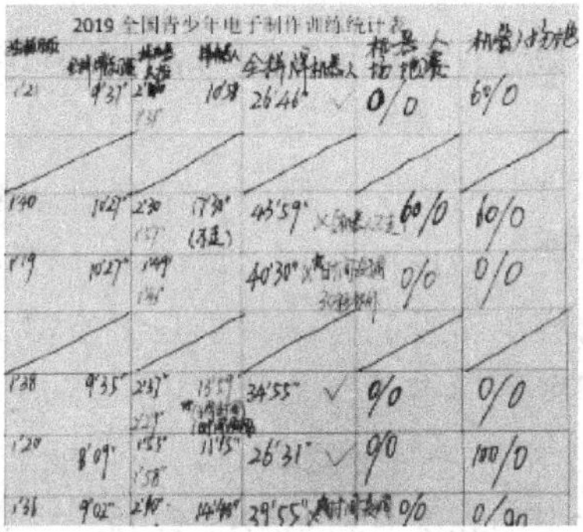

图2

经历过这么多次比赛，每次都是因为在秒数上有细微的优势，最后都取得了不错的成绩。参加比赛时候的我，总是希望小数点后面的数越小越好。

当然，我也有希望小数点后面的数大一些的时候，那就是每次考试的分数。比如，得98分的时候，我真希望能够多个0.5分，这样就可以比98分又进步一点点了。

生活中用到小数的地方真的是太多了，通过学习微课3.0，我们还能学到更多的数学知识，能够把学到的知识跟自己的生活联系起来，灵活运用，相信我们的数学学习会变得越来越有意思的。

指导教师：四川师范大学附属上东小学　郝芮琳

微课3.0学习成长记录

四川省成都市泡桐树小学　李　丽　米子航

自复课以来，我们一直坚持线上、线下教学有机结合，积极推行微课3.0与课堂教学相结合的教学模式。微课3.0自上线以来，以学生的视角呈现数学问题的提出及解决的过程，内容丰富且完整，特别是学生动手环节，演示到位，简单易懂，站在学生的角度解释数学道理。最让我们欣慰的是微课3.0中，呈现了学生在学习过程中最真实的困难点、模糊点等，并且能非常高效地突破。这种改变，有效地提高了学生学习的积极性，改变了教师和学生之间的关系。在学习的过程中，当学生面对困难时，学会了积极主动去面对，当学生带着问题去自主探究时，才是学习真正发生的时刻。下面是三年级学生米子航的数学日记，从日记中我们不难看出，微课3.0已经成为他们学习过程中不可或缺的一部分。在日记的字里行间里，我们无不感受到学生在这种主动学习背后体会到的学习的快乐。

放学回到家，写着老师留的数学作业，写了一会儿就遇到了难题，怎么想也不会做。我跑去向爸爸求助，爸爸在开线上视频会议；我又跑去向妈妈求助，妈妈在做饭，厨房里香喷喷的，差点让我忘了遇到数学难题的事，妈妈让我先做会做的题。这道题明明老师上课的时候讲过，可是我怎么也想不起来，可能是当时橡皮掉到地上，我专注地弯腰去找橡皮时，错过了老师讲的内容。这可怎么办？要是能听老师再讲一遍就好了！我记得因为新冠疫情的原因学校都不开学，我们都是在电脑上看微课3.0学习的，那些课可以重复听，太好了，我想到解决办法了！我把想法和妈妈说了，妈妈还夸我呢，说我善于想办法解决问题。很快妈妈在网上帮我找到了那一节微课，我认真地重新听老师讲了一遍，终于会做这道题了，太高兴了，太有成就感了，明天去学校我可得和同桌说一说这件了不起的事情！

吃饭的时候，爸爸问我哪道题不会时，我骄傲地说："我已经会了，凭我自己的努力哦！"爸爸有些惊讶，问我怎么做到的，我激动地一五一十把整个经过说了一遍，看到爸爸高兴的要我去给他拿一罐啤酒，我也很开心。后来听妈妈对爸爸说："微课3.0还真是不错，里面有电子教材，和书上一模一样，里面有各个角色的配音，很有代入感。老师讲得很清楚很有耐心，听不懂可以重复听，整个课程设计学习目标很明确，学习完了孩子很清楚学的什么，后面的闯关练习题也能及时地学以致用，能把习题做对，学的内容基本也掌握了。回顾小结能帮助孩子重新整理一节课学习的内容，有不懂的问题还可以线上留言，能得到针对性的解答，这个微课3.0真不错，把我都给解放了!"我听爸爸、妈妈在那讲着我发现的新大陆，别提多开心了，因为这一切都是我想出来的主意！今天的饭好香啊！

　　自从发现了这个办法，我再也不怕遇到数学难题了。有一次，同学小宝到我家和我一起做作业，遇到了我们俩算的答案不一样的数学题：文具店今天收入675元，比昨天多185元，昨天和今天共收入多少元？小宝算的是昨天收入675＋185＝860(元)，一共收入675＋860＝1 535(元)，列的算式是675＋185＋675＝1 535(元)。我算的是昨天收入675－185＝490(元)，一共收入675＋490＝1 165(元)，列的算式是675－185＋675＝1 165(元)。我们俩因为这道题争论起来，争得面红耳赤。我信心满满的找到同步微课3.0，认真看了一遍，想用同步微课3.0里教的画线段比较的方法，一比较就看懂了，我又学着视频里老师的样子和语气给同学小宝讲了一遍。看到他佩服地看着我的时候，别提多开心了。

　　原来给别人讲课是这么开心的事啊！我好喜欢学数学啊，一点也不感觉枯燥。但是做小老师给别人讲题，还真不简单，为了给同学讲明白这道难题，嗓子都冒烟了，喝了一大杯水才感觉好一些。上课的时候老师讲那么长时间，可真是辛苦啊，以后上课我可得好好听讲，不能再开小差了。我充满信心，期待着去上学！

后　记

　　2020 年是不平凡的一年，这一年中，新世纪(北师大版)小学数学教材编写组、教育部北京师范大学基础教育课程研究中心数学工作室、北京师范大学出版社以及来自全国各教材使用地区的教研员和老师们众志成城，推出微课 3.0，在新冠疫情背景下，为广大小学数学教师线上教学和小学生的线上学习提供了丰富的资源。《新世纪足迹 2020——疫情下的小学数学教学》，记录了在过去的一年广大教研员和教师、学生、家长的思考、历程、汗水和智慧，传达着广大同人对新世纪(北师大版)小学数学教材、微课 3.0 的感悟和反馈，同时也承载着对"混合式学习"的探索以及希望和期待。它必定成为 2020 年所有新课程实践者们为中国数学教育留下的一笔财富。

　　本书共分为七个部分，收录了全国新世纪小学数学研究与应用基地在内的各类优秀文章 46 篇，反应了教研员、教师、学生、家长多角度对于 2020 年数学教育的经验和感悟。

　　本书的组稿工作得到了各级教研员和各基地负责人的大力支持，在多方面力量的积极配合下，才有了这样一批来自一线、根生于数学学习和教学中的高质量的文章，感谢所有参与微课 3.0 设计和使用的各省、自治区和直辖市教研员和各基地的负责人。

　　在稿件的评审评选和编审过程中，除了新世纪(北师大版)小学数学编委、教育部北京师范大学基础教育课程研究中心数学工作室专业支持人员的大力支持外，还有来自各实验区的优秀教研员和教师也积极投身评审工作，感谢各位参加评审工作的教师，正是你们热情、积极地投入使本书的品质更上一层楼。此外，北京师范大学出版社数学分社的编辑们也为本书的文字编辑工作付出了辛勤的劳动，在此表示衷心地感谢。

　　感谢所有参评的教师，正是你们在教学第一线积累的大量丰富的教学经验，才让本书更加丰富和精彩；正是你们用心和学生交流、和教材交流，才让本书更加地生动和翔实；正是你们在教学实际中积极感悟和细心感知，才让本书更加深刻和厚重。

　　由于时间仓促，书中难免有疏漏和不足之处，敬请各位读者朋友批评指正。

新世纪小学数学教材编写组